# O PRINCÍPIO DA ADEQUAÇÃO SETORIAL NEGOCIADA NO DIREITO DO TRABALHO

MARIA CECÍLIA MÁXIMO TEODORO

*Doutoranda em Direito do Trabalho pela Universidade de São Paulo — USP. Mestre em Direito do Trabalho pela Pontifícia Universidade Católica de Minas Gerais — PUC/MG. Professora de Direito do Trabalho.*

# O PRINCÍPIO DA ADEQUAÇÃO SETORIAL NEGOCIADA NO DIREITO DO TRABALHO

Aos alunos da faculdade Pitágoras

MTeodoro

01/10/07

EDITORA LTr®

SÃO PAULO

**Dados Internacionais de Catalogação na Publicação (CIP)**
**(Câmara Brasileira do Livro, SP, Brasil)**

Teodoro, Maria Cecília Máximo

O princípio da adequação setorial negociada no direito do trabalho / Maria Cecília Máximo Teodoro. — São Paulo : LTr, 2007.

Bibliografia.
ISBN 978-85-361-0934-3

1. Direito do trabalho 2. Direito do trabalho — História 3. Negociações coletivas 4. Princípios gerais de direito I. Título.

06-9678 CDU-34:331.1

**Índice para catálogo sistemático:**

1. Adequação setorial negociada : Princípio : Direito do trabalho 34:331.1

**(Cód. 3399.8)**



LTr®

**EDITORA LTDA.**

*Rua Apa, 165 — CEP 01201-904 — Fone (11) 3826-2788 — Fax (11) 3826-9180*
*São Paulo, SP — Brasil — www.ltr.com.br*

**Agosto, 2007**

*Agradeço à minha querida família, Teodoro, Lindaura, Rodrigo, Patrícia e Fábio, pelo apoio incondicional.*

*Ao Carluz, pelo amor.*

*Ao Professor Dr. Luiz Otávio Linhares Renault, por demonstrar que sabedoria, simplicidade e acolhimento caminham lado a lado.*

*A escolha do tema e a redação do livro constituem homenagem ao Professor Dr. Mauricio Godinho Delgado — idealizador e quem primeiro sistematizou o princípio da adequação setorial negociada.*

# SUMÁRIO

# PREFÁCIO

Certa ocasião, indagado a respeito de sua escassa produção literária dada à publicidade, um poeta já falecido e que teve um livro publicado à sua revelia pela *José Olympio Editora*, lá pelos idos de 1950, disse que se deve sempre ter mais cuidado em publicar do que escrever. Essa regra de prudência foi seguida à risca pela Professora *Maria Cecília Máximo Teodoro*, que, em momento mais do que oportuno, não deixou que a sua dissertação de mestrado permanecesse praticamente oculta, ou seja, restrita à biblioteca, assim como aos registros e aos acervos da pós-graduação da PUCMINAS, onde obteve o título de mestra com a nota máxima — 100 — e resolveu, com esmerado cuidado e capricho intelectual, brindar os estudiosos de Direito do Trabalho com a presente obra, sob o respeitado selo da LTr.

A formação acadêmica e a trajetória profissional desta jovem doutrinadora justificam, simultaneamente, a publicação e a leitura deste magnífico livro, que é fruto de uma pesquisa séria, madura, prolongada e profunda a respeito de tema extremamente atual, importante e polêmico.

Alquimista da palavra, edificadora de idéias e de ideais, a autora soube conciliar o que parecia inconciliável: o princípio da adequação setorial negociada com a teoria do conglobamento, tendo como pano de fundo a negociação coletiva, isto é, a autonomia privada coletiva.

Em tempos de globalização, de globocolonização e de neoliberalismo, qualquer estudioso do Direito do Trabalho, desde os alunos dos bancos acadêmicos até aos mais renomados profissionais — professores, advogados e juízes — todos sabem que a autora se enveredou por um campo verdadeiramente *minado*.

Na atualidade, tudo parece *conspirar* contra o Direito do Trabalho. É como se fosse preciso fazê-lo *transpirar* para emagrecer, para queimar as suas gorduras protetoras. Pequeno exemplo: os sindicatos profissionais, apesar do perfil coletivo, concebidos que são pelas respectivas categorias, estão fracos e com minguado poder de barganha. Lutam para manter o pouco que ainda sobrou do que conquistaram nos anos dourados, inclusive quando o Presidente Lula era um dos grandes e mais atuantes líderes do sindicalismo brasileiro. Hoje, ao contrário do que ocorria naquela época, os sindicatos quase não organizam mais greve, que tem ficado praticamente restrita ao serviço público, embora o Estado teime em não discipliná-la para essa espécie de trabalhadores. Mas isso é outro problema. Ainda bem que os fatos continuam se rebelando contra o direito ...

Costuma-se dizer que os desafios são proporcionais à nossa capacidade; ou: Deus não coloca sobre os nossos ombros cruz, cujo peso não podemos suportar.

Esse livro comprova também essa afirmação.

Com muita criatividade, com esmerado critério e rígida disciplina, diria até com certa dose de genialidade, mas com equilíbrio e rigoroso policiamento científico, a autora, Professora *Maria Cecília Máximo Teodoro*, iniciou a sua pesquisa sobre o tema, desafiando-se a si própria, aos colegas que a cercavam, e ao seu (des)orientador, perante curso de mestrado em Direito do Trabalho da PUCMINAS, no caso este prefaciador. Criteriosamente, ela desfiou as costuras da sociedade industrial, passou em revista suas transformações e as suas crises, principalmente as relacionadas com a negociação coletiva, até chegar aos princípios do Direito Individual e do Direito Coletivo do Trabalho.

Nesse ponto, quando em muito maior número eram as interrogações do que as respostas, sem recuar um milímetro de seus propósitos iniciais, a Professora *Maria Cecília* teve a paciência e a disciplina dos grandes estudiosos, assim como a maturidade de experiente pesquisadora. A sua fibra acadêmica, o seu *feeling* de pesquisadora, a sua veia de professora e a sua jovem e fulgurante inquietação jurídica, ao mesmo tempo em que não a deixaram órfã na busca para a solução de seu dilema acadêmico, acabaram por lhe apontar as trilhas para a construção de um ponto de imputação lógica e coerente apto a harmonizar o que parecia encerrar, intrínseca e extrinsecamente, contradições: o princípio da adequação setorial negociada, idealizado e sistematizado pelo Professor *Maurício Godinho Delgado*, que também foi seu professor e guia no curso de pós-graduação em mestrado. Com fundamento neste princípio, a autora alicerçou a sua sólida e convincente argumentação para estabelecer um limite à negociação coletiva, bem como à teoria do conglobamento.

A partir de então, isto é, desde o momento em que o estudo e a pesquisa, realizados meses e meses, descortinaram o seu horizonte jurídico, as coisas se tornaram menos dolorosas, menos angustiosas.

Estudo, pesquisa, pesquisa, estudo e reflexão dialética, esses foram o seu alimento e o seu esteio por longo tempo. Reclusa em seus pensamentos, mas sem se fechar aos debates acadêmicos, a autora construiu a sua *tese*, nas sombras da solidão dos dias e das noites dedicadas à reflexão, à maturação conclusiva do seu teorema jurídico. Depois de encontrada a solução, foi só escrever. Digo só, porque escrever talvez tenha sido a parte mais agradável, mais amena, mais tranqüila, pois foi o momento em que o que até então ainda era etéreo, esfumaçado, nebuloso, começou a adquirir clareza, a adquirir corpo e, por conseguinte, a ter vida. Tudo o que tem vida, possui uma alma. Qualquer obra de arte tem vida, seja uma pintura sobre tela, seja uma escultura, ou uma música. Um livro, qualquer livro, uma poesia, um conto, uma crônica, um verso, uma estrofe, um pensamento, tudo possui vida, possui alma. Por assim dizer, qualquer objeto, depois da criação, caminha com as próprias pernas, ou melhor, com as próprias *asas* ou com as *asas* do leitor ou de quem a admira.

Ao simples manusear de um livro, sentimos o palpitar da sua alma e da alma do seu autor ou de sua autora. É como se ambos dissessem: leia e compreenda-me, a mim e à minha mensagem...

Outra *Cecília*, a poeta *Cecília Meireles*, escreveu o seguinte cântico:

> *"Dize:*
> *O vento do meu espírito*
> *Soprou sobre a vida.*
> *E tudo que era efêmero*
> *Se desfez.*
> *E ficaste só tu, que és eterno ...".*

Resumidamente, esse foi o nobre e elevado propósito da jovem autora. É como se ela nos convidasse a entrar no seu mundo justrabalhista: leiam e compreendam a minha mensagem repleta de conceitos e idéias, que visam à preservação do respeito à dignidade do trabalhador, que deve ser tratada como algo eterno e não efêmero.

Mineira, com sólida formação cultural, haurida em minério e ferro, *Maria Cecília* adquiriu temporariamente dupla naturalidade, embora continue a mesma: inteligente e estudiosa; séria e competente; amante do Direito e amada pelo Direito. Aprovada no exame de seleção da USP, mudou-se para a cidade de São Paulo, a fim de freqüentar o curso de Doutorado em Direito do Trabalho, sob a orientação de grande mestre, o Juiz e Professor *Jorge Luiz Souto Maior*, que, de certa maneira, possui ligação e identificação cultural, intelectual e pessoal com o núcleo mineiro de estudos de Direito do Trabalho, aglutinado na PUCMINAS, em torno dos Professores *Márcio Túlio Viana, Mauricio Godinho Delgado, José Roberto Freire Pimenta* e deste prefaciador.

Muito embora seja desnecessário, acrescento que a autora deste precioso livro possui estilo fácil, fluído, claro, sem perder a concisão e a precisão terminológica científica, qualidades que enriquecem a força das idéias francas, pioneiras e controvertidas por ela defendidas.

Essa é, mais ou menos, a estória da autora, assim como da obra ímpar e importante, ora publicada sob os auspícios da LTr, e que tem como instigante título *"O princípio da adequação setorial negociada — negociação coletiva e teoria do conglobamento"*.

Se o leitor acreditar que tema tão importante e atual pode ser tratado sob essa ótica, leia. Surpreender-se-á com a qualidade da obra. Se duvidar, leia também. Ao ler, reflita, analise, tire as suas dúvidas e faça as suas próprias conclusões ...

A autora, ela, corajosamente, já fez a sua parte. Deu a sua contribuição. O livro, para ela já está fechado, repousa sobre a mesa e dentro dela sonha o sonho que foi sonhado. Agora, ela, a autora, nada mais pode fazer do que cantar os versos do poeta *Emílio Moura*:

> *"— Senhor, são os remos ou são as ondas o que dirige meu barco?*
> *Eu tenho as mãos cansadas*
> *e o barco voa dentro da noite."*

# 1. Introdução

Este livro buscará, por meio de pesquisas, estudos e comparações doutrinárias, expor a respeito do princípio da *adequação setorial negociada* como instrumento para impor limites à negociação coletiva.

O primeiro capítulo procurará demonstrar pontos pertinentes para o desenvolvimento e entendimento do tema central.

Assim, pela evolução histórica do Direito do Trabalho, serão demonstradas suas vicissitudes, particularidades, lutas e conquistas.

Posteriormente, o estudo passará para uma importante análise dos princípios basilares do Direito Individual e Coletivo do Trabalho, suas funções enquanto normas, sua aplicação e influência no ordenamento jurídico como um todo, bem como sua contextualização histórica no Direito do Trabalho.

O terceiro capítulo tratará especificamente das transformações sofridas principalmente no decorrer dos Séculos XX/XXI com este ramo especial da Ciência Jurídica, as dificuldades enfrentadas e a sua contextualização hodierna, a fim de preparar o estudo para seu ponto central.

O quarto capítulo abordará o objeto do estudo propriamente dito, buscando demonstrar a efetividade da utilização do princípio da *adequação setorial negociada*, por meio de suas características e peculiaridades, como limite à negociação coletiva e como fundamento de validade para a teoria do conglobamento.

Neste ínterim, demonstrará a contemporaneidade do princípio objeto do livro, buscando esclarecer e divulgar a necessidade de sua defesa e permanência nas relações trabalhistas, explicando, para tanto, sob diversos enfoques doutrinários, suas funções atuais e as diversas conseqüências práticas dele decorrentes.

Na conclusão, far-se-á um exame geral sobre o tema pesquisado, ressaltando, em síntese, os pontos relevantes do estudo, com uma sinopse do trabalho científico desenvolvido, bem como a exposição das críticas numa análise para o fechamento do assunto tão relevante para as modernas relações justrabalhistas e ainda pouco discutido pela comunidade científica.

# 2. CARACTERIZAÇÃO DO DIREITO DO TRABALHO NA HISTÓRIA

## 2.1. O DIREITO

O Direito, amplamente enfocado e à luz de sua dimensão finalística, só tem sentido de ser se considerarmos o homem que vive e convive com seu semelhante, pois é para regrar os seus atos que o Direito é construído.

Das relações entre os homens brotam conflitos dos mais diversos, sejam nas relações pessoais, sociais e contratuais. Uma vez gerando desavenças e descontentamentos para uma ou ambas as partes, as controvérsias necessitam de solução.

As diretivas que baseiam as regras que irão dirimir as controvérsias são retiradas de valores próprios da sociedade. Neste momento, o Direito desvela todo o seu arcabouço constituído de princípios, normas jurídicas e institutos, visando à realização do bem-estar social e da justiça.

Por conseguinte, temos que o Direito brota do meio social e para ele se volta, com base em princípios eleitos pelos próprios membros da coletividade, nos ideais de paz e de justiça.

Solução do conflito para que haja paz; justiça para que as partes sintam-se confortáveis com o resultado e igualdade como conseqüência própria das anteriores, pois em sendo resolvida a divergência, a cada um será dado o que lhe for devido.

> "Sob o aspecto estrutural, o Direito é regra de conduta humana, imposta coativamente, com os valores que lhe

foram imantados pela própria sociedade. Materialmente, é preceito advindo da imperiosa necessidade de regramento da convivência entre os homens, da busca da realização dos direitos básicos condicionantes da dignidade humana, condição inicial para a justiça e para a felicidade dos homens"[1].

## 2.2. *O DIREITO DO TRABALHO*

Não poderia ser de forma diferente, o Direito do Trabalho que, enquanto ramo jurídico autônomo e especializado, tem como objeto regular as relações de emprego, tutelando a parte economicamente hipossuficiente, fixando os respectivos deveres, obrigações e direitos das partes contratantes, enfocados quer no plano do contrato individual do trabalho, quer no plano das relações coletivas.

Por outras palavras, ainda que voltado especificamente para as relações laborais ou dela decorrentes, o Direito do Trabalho tem como finalidade principal a efetivação da paz social, a distribuição de renda — igualdade —, a justiça.

Prosseguindo, para que o Direito do Trabalho possa reafirmar sua finalidade tuitiva da parte hipossuficiente, conta com normas imperativas, indisponíveis, destinadas a criar uma igualdade jurídica entre as partes contratantes, que se apresentam em desigualdade no plano fático.

Neste momento é importante demonstrar, então, quais foram os conflitos palpitantes no seio da sociedade, quais os objetos em litígio que vieram a eclodir na necessidade de um ordenamento jurídico especificamente voltado para regrar os atos de quem trabalha e de quem utiliza desta força de trabalho.

---

[1] RENAULT, Luiz Otávio Linhares. "Que é isto — O Direito do Trabalho?" *In:* PIMENTA, José Roberto Freire *et al.* (Coords.). *Direito do Trabalho: Evolução, Crise, Perspectivas.* São Paulo: LTr, 2004, p. 60.

## 2.3. *FATORES ECONÔMICOS, SOCIAIS E POLÍTICOS*

Na 2ª metade do Século XIX muitas mudanças já haviam ocorrido na sociedade e tendo em vista uma conjugação de fatores, sejam sociais, políticos e econômicos, tornou-se forçosa a existência de um ramo da ciência jurídica que disciplinasse as relações laborais.

Para que se entenda a formação do Direito do Trabalho e todo seu emaranhado de normas é de extrema importância compreender estes fatores que levaram ao seu desenvolvimento.

Nos dizeres de *Luiz Otávio Linhares Renault*:

> "O Direito não se afirma na ausência dos fatos, já que estes é que lhe dão vida. A vida do Direito pressupõe antes a vida como um todo, na qual se inserem a cultura e a experiência dos homens nas ciências, assim como as suas relações com seus semelhantes nas diversas épocas(2)."

De acordo com *Mauricio Godinho Delgado*(3), tais fatores eram de ordem econômica, social e político-ideológica e podem assim ser explicados.

Os fatores econômicos foram o surgimento do capitalismo, das grandes indústrias com grande número de trabalhadores e da concentração e centralização do capital e de trabalhadores.

Os fatores sociais foram a urbanização, levando as cidades a tornarem-se o centro das atividades, bem como a formação de verdadeiros redutos proletários, gerando maior união e organização de seus membros.

Os fatores político-ideológicos, antes da metade do Século XIX, foram, inicialmente, o *ludismo*, passando-se, depois, para o terrorismo e, por fim, veio o socialismo utópico.

---

(2) RENAULT, Luiz Otávio Linhares. "Que é isto — O Direito do Trabalho?" *In:* PIMENTA, José Roberto Freire *et al.* (Coords.). *Direito do Trabalho: Evolução, Crise, Perspectivas.* São Paulo: LTr, 2004, p. 41.

(3) DELGADO, Mauricio Godinho. *Introdução ao Direito do Trabalho: relações de trabalho e relações de emprego.* 3. ed. rev. e atual. São Paulo: LTr, 2001, p. 36.

Portanto, como diz *Luiz Otávio Linhares Renault*:

"As sociedades são o reflexo dos comportamentos obtidos a partir dos valores morais predominantes entre os seus membros.[4]"

Então, primeiramente, numa análise econômica, o surgimento do Direito do Trabalho deu-se num contexto de grande industrialização, por meio da qual despontou a figura do operariado, oprimido na grande empresa.

"O Direito do Trabalho, como se sabe, foi fruto de violentas lutas e de algumas concessões do capital, que necessitava de uma fórmula jurídica moderna, que assoalhasse a utilização pacífica e disciplinada da mão-de-obra em massa, necessária e útil à implementação e ao desenvolvimento da revolução industrial[5]."

A figura oprimida do trabalhador na fábrica é uma face nítida do surgimento do Direito do Trabalho e da eclosão do capitalismo e, tomando os dizeres de *Márcio Túlio Viana*, pode ser bem entendida:

"Essa dualidade reaparece com o capitalismo, que divide os homens em possuidores e despossuídos dos meios de produção. A força de trabalho torna-se, então, mercadoria; e o trabalhador — mercador de si próprio — "perde a sua vida para ganhá-la", como escreveu alguém, talvez Marx[6]."

---

[4] RENAULT, Luiz Otávio Linhares. "Que é isto — O Direito do Trabalho?" *In:* PIMENTA, José Roberto Freire *et al.* (Coords.). *Direito do Trabalho: Evolução, Crise, Perspectivas.* São Paulo: LTr, 2004, p. 39.

[5] RENAULT, Luiz Otávio Linhares. "Que é isto — O Direito do Trabalho?" *In:* PIMENTA, José Roberto Freire *et al.* (Coords.). *Direito do Trabalho: Evolução, Crise, Perspectivas.* São Paulo: LTr, 2004, p. 76.

[6] VIANA, Márcio Túlio. *A Reforma Sindical, entre o consenso e o dissenso.* Disponível em: http://calvados.c3sl.ufpr.br/ojs2/index.php/direito/article/viewFile/1734/1434. Acesso em 1º mai. 2006.

Quando as condições laborativas passaram, abertamente, a não mais propiciar a dignidade humana, chegando a feri-la, eis que a indústria nascente explorava o homem, dando-lhe um tratamento como se mercadoria fosse, desvalorizando em sua essência o próprio valor do trabalho, assim como a saúde, a higiene e a segurança, além de outros fatores relacionados com o ser humano, o Direito do Trabalho surgiu como um sonho de paz, de equilíbrio, de justiça, enfim, como uma válvula de escape para a harmonização do sistema, que paulatinamente era implantado pelos detentores dos meios de produção.

Percebe-se, assim, que o Direito do Trabalho é contemporâneo da Revolução Industrial, pela qual restaram abolidas as formas de prestações servis de trabalho, conferindo valor ao trabalho livre e subordinado[7].

O surgimento do Direito do Trabalho foi possível tendo em vista as transformações geradas pela Revolução Industrial, que fez surgir a máquina em lugar do trabalho manual e o vapor como fonte de energia, transformando o modo de produção até então existente.

As palavras de *Daniela Torres Conceição* assim expressam esse momento histórico:

> "A importância da Revolução Industrial reside na ascensão do modo de produção capitalista, é resultado do processo de transformações sociais, políticas, econômicas e tecnológicas que ocorreram no mundo nos fins do Século XVIII e início do Século XIX. Consiste em um sistema econômico, político e social que surgiu na Europa e se expandiu para o mundo, como um modelo predominante[8]."

---

[7] Até a edição da Emenda Constitucional n. 45/2004, no Brasil, o núcleo básico do Direito do Trabalho era a relação de emprego, ou seja, o trabalho livre prestado por pessoa física, com subordinação, onerosidade e não eventualidade. Após a edição da citada Emenda vários debates surgiram sobre a ampliação da proteção do Direito do Trabalho. Contudo, passados mais de dois anos da EC. n. 45/2004, pode-se concluir que este núcleo original ainda se mantém.

[8] CONCEIÇÃO, Daniela Torres. "Contratação do Trabalho no Sistema Capitalista: das Modalidades de Conexão Laborativa nos Sistemas Pré-Capitalistas à Fórmula Empregatícia do Capitalismo". *In:* PIMENTA, José Roberto Freire *et al.* (Coords.). *Direito do Trabalho: Evolução, Crise, Perspectivas.* São Paulo: LTr, 2004, p. 110.

Do ponto de vista social, temos que alguns fatores, que estão totalmente conjugados com os econômicos e políticos, podem ser percebidos.

Uma vez transformado o modo de produção de mercadorias, que passou a ser orientado pelo mercado, pela propriedade privada dos meios de produção, pela busca da mais valia, surge o embate entre duas camadas sociais bem definidas.

De um lado, encontra-se o pequeno número de detentores dos meios de produção; de outro, está o segmento social desprovido de riqueza e que possui somente sua força de trabalho — a qual é colocada à venda.

Neste momento histórico, numa sociedade de embate entre capital e trabalho desponta uma verdadeira luta — que se tornaria clássica para os tempos atuais — entre a busca do lucro pelos detentores do capital e as reivindicações por melhores condições de trabalho e vida pelos trabalhadores.

Para *Mauricio Godinho Delgado*[9], a concentração do proletariado nas cidades industriais americanas e européias permitiu o surgimento de uma identificação de classes entre os operários que se uniam por um mesmo conjunto de idéias, fortalecendo o movimento sindical e conquistando direitos trabalhistas pelas ações coletivas organizadas.

Neste palco de rinhas entre capital e trabalho "mesmos os mais ortodoxos hão de compreender que ao capital está atrelado o trabalho — ambos se complementam e se justificam — e aos dois se deve atribuir o valor que merecem"[10].

Como conseqüência dessa situação caótica, mostrou-se indispensável a existência de um Direito apto a apaziguar as desavenças, os desentendimentos, bem como as contradições do sistema, além de propiciar uma convivência harmoniosa entre estas duas forças.

---

(9) DELGADO, Mauricio Godinho. *Introdução ao Direito do Trabalho: relações de trabalho e relações de emprego*. 3. ed. rev. e atual. São Paulo: LTr, 2001, p. 38.

(10) RENAULT, Luiz Otávio Linhares. "Que é isto — O Direito do Trabalho?" *In:* PIMENTA, José Roberto Freire *et al.* (Coords.). *Direito do Trabalho: Evolução, Crise, Perspectivas.* São Paulo: LTr, 2004, p. 41.

*Márcio Túlio Viana* coaduna do entendimento quanto ao surgimento do Direito do Trabalho:

> "Mas eis que surge ainda uma outra contradição, também ligada ao trabalho, ou mais precisamente à fábrica. Para controlar os trabalhadores, e racionalizar a produção, o capitalista os reúne num mesmo ambiente, sujeitando-os aos mesmos sofrimentos. Nasce então a resistência operária e — com ela — o Direito do Trabalho[(11)]."

Por fim, os fatores políticos, em conjunto com os anteriores, consistiram na descoberta da ação coletiva em lugar da simples e fraca ação individual e apartada. Somado a isto tem-se o aperfeiçoamento desta estratégia coletiva pela consolidação de organizações coletivas de trabalhadores, de cunho nitidamente político[(12)].

Por via de conseqüência, o Estado, em resposta à mobilização e pressão dos trabalhadores, passa a atuar na sociedade civil, incorporando normas autonomamente produzidas, permitindo a convivência harmônica entre o negociado e o legislado[(13)].

Uma vez apreendido o momento histórico de surgimento efetivo do Direito do Trabalho, vale ressaltar que este processo não foi tão simplório, nem tampouco se pode entender que, após a Revolução Industrial, como num passe de mágica, despontava o Direito do Trabalho.

## 2.4. *FASES DO DIREITO DO TRABALHO NO MUNDO*

Tal ramo dinâmico do Direito teve seu processo de formação e consolidação ao longo dos dois últimos séculos, podendo-se

---

(11) VIANA, Márcio Túlio. *A Reforma Sindical, entre o consenso e o dissenso*. Disponível em: http://calvados.c3sl.ufpr.br/ojs2/index.php/direito/article/viewFile/1734/1434. Acesso em 1º mai. 2006.

(12) DELGADO, Maurício Godinho. *Introdução ao Direito do Trabalho: relações de trabalho e relações de emprego*. 3. ed. rev. e atual. São Paulo: LTr, 2001, p. 38.

(13) DELGADO, Maurício Godinho. *Introdução ao Direito do Trabalho: relações de trabalho e relações de emprego*. 3. ed. rev. e atual. São Paulo: LTr, 2001, p. 39.

distinguir algumas fases importantes. As fases de surgimento, sistematização e consolidação do Direito do Trabalho coincidem, sem espanto, com o aparecimento e a fortificação dos movimentos de massa dos trabalhadores, como veremos.

Segundo *Mauricio Godinho Delgado*, que apresenta a melhor sistematização destas fases, no início do Século XIX, por volta de 1802/1848, houve manifestações esparsas ou incipientes, das quais surgiram algumas leis, mas nenhum complexo de normas, princípios e institutos que configurassem o Direito do Trabalho. Foi somente com a revolução popular da França em 1848, ano também do Manifesto Comunista, que os trabalhadores começaram a se organizar e reivindicar direitos(14).

### 2.4.1. *Primeira fase*

Numa primeira fase, que o citado autor denomina de *manifestações incipientes ou esparsas*, as condições eram desumanas e a exploração da mão-de-obra era realizada com total omissão do Estado.

A invenção da máquina e a sua aplicação à indústria provocaram uma revolução nos métodos de trabalho e, conseqüentemente, nas relações entre patrões e trabalhadores. A evolução do maquinismo, gerando a utilização de forças motrizes distintas da simples força muscular do homem, permitiu a modificação das condições trabalhistas.

A máquina de fiar, por exemplo, o tear mecânico e a máquina a vapor, multiplicando a força de trabalho, importaram na redução da mão-de-obra porque, mesmo com o aparecimento das grandes oficinas e fábricas, para obter determinado resultado na produção não era necessário tão grande número de operários.

Verificaram-se, então, vários movimentos de protesto de trabalhadores e até mesmo rebeliões, com a destruição de máquinas, exigindo melhores condições de trabalho.

---

(14) DELGADO, Mauricio Godinho. *Introdução ao Direito do Trabalho: relações de trabalho e relações de emprego*. 3. ed. rev. e atual. São Paulo: LTr, 2001, p. 43.

A desigualdade, somada à exploração desumana da mão-de-obra, suscitou a denominada *questão social*, uma vez que os trabalhadores, destituídos dos meios de produção, passaram a sobreviver apenas da venda de sua força de trabalho, sujeitando-se às severas normas de disciplina impostas pelos contramestres das fábricas e aos salários degradantes.

O empregador impunha as condições de prestação do labor, exigindo excessivas jornadas de trabalho, explorando mulheres e menores e com total ausência de medidas preventivas com relação aos acidentes que poderiam acontecer com os empregados no manuseio das máquinas.

Como não havia um Direito regulamentando as condições de trabalho, não havia equilíbrio nas relações contratuais e o contrato de trabalho podia resultar do livre acordo das partes, mas, na realidade, era o patrão quem fixava as normas e, como jamais existiu contrato escrito, o empregador podia dar por terminada a relação de emprego à sua vontade ou modificá-la ao seu arbítrio.

Assim, naquele mesmo período da história, segundo *Amauri Mascaro Nascimento*[15], o novo processo de produção passou a exigir uma organização dos trabalhadores para que pudessem reivindicar melhores condições de trabalho, que não poderiam obter se o fizessem individualmente. Nasceram, então, as uniões clandestinas de trabalhadores.

### 2.4.2. *Segunda fase*

A partir de 1848 até 1919 houve a *sistematização e consolidação do Direito do Trabalho*, com o desenvolvimento de uma legislação trabalhista, em conformidade com a citada teorização de *Mauricio Godinho Delgado*[16], que considera esse período como a segunda fase.

---

[15] NASCIMENTO, Amauri Mascaro. "Evolução Histórica do Sindicalismo". *In:* ROMITA, Arion Sayão (Coord.). *Sindicalismo*. São Paulo: LTr, 1986, p. 4.

[16] DELGADO, Mauricio Godinho. *Introdução ao Direito do Trabalho: relações de trabalho e relações de emprego*. 3. ed. rev. e atual. São Paulo: LTr, 2001, p. 44.

Desenvolveu exponencial papel neste processo de reconhecimento do valor do trabalho a Igreja Católica com a edição da encíclica *Rerum Novarum*, em 1891, pelo Papa Leão XIII.

A encíclica *Rerum Novarum* constitui verdadeiro elogio ao Direito do Trabalho, ao discutir o salário mínimo justo, o trabalho da mulher, a previdência, dentre outros temas relevantes.

Portanto, sua edição inaugurou um novo pensamento na cultura da população fortemente influenciada pela religião católica, valorizando o homem que trabalha.

Para *Delgado*(17), o ano de 1848 tem suma importância pela publicação do Manifesto de Marx e Engels, bem como pela eclosão de movimentos e revoluções de massas, demonstrando a reorientação estratégica e a pressão coletiva sobre a ordem institucional vigorante.

Segundo *Amauri Mascaro Nascimento*(18), o Manifesto de Marx e Engels foi de incontestável importância também para o Direito Sindical, uma vez que conclamava os trabalhadores a unirem-se, defendendo a necessidade de organização dos operários e o direito de associação para que pudessem manifestar as suas opiniões e obter melhores contratos de trabalho.

De fato, como a industrialização propiciou o surgimento do Direito do Trabalho, da mesma forma possibilitou o desenvolvimento da união coletiva. Mesmo porque existe uma verdadeira relação de causa e efeito entre os dois. Pode-se dizer também que o Direito do Trabalho surgiu da união e organização destes trabalhadores.

*Mozart Victor Russomano* bem expressa a indissociável ligação que o sistema de convenções coletivas e o próprio sindicalismo têm com o desenvolvimento econômico nacional.

> "Tomamos a expressão *desenvolvimento econômico nacional* em sentido estrito, que tem como pressuposto imperativo

(17) DELGADO, Mauricio Godinho. *Introdução ao Direito do Trabalho: relações de trabalho e relações de emprego*. 3. ed. rev. e atual. São Paulo: LTr, 2001, p. 44.

(18) NASCIMENTO, Amauri Mascaro. "Evolução Histórica do Sindicalismo". *In:* ROMITA, Arion Sayão (Coord.). *Sindicalismo*. São Paulo: LTr, 1986, p. 5.

a *industrialização* do país. Sem que ocorra esse fenômeno, não existirá, em nenhuma nação, massa operária sindicalmente organizada e resistente, capaz de participar, com êxito, da negociação direta com os empresários[19]."

Da mesma forma que o Direito do Trabalho ainda não havia se consolidado, existindo apenas de forma dispersa e fraca, as uniões dos trabalhadores encontravam-se de forma clandestina.

### 2.4.3. *Terceira fase*

A terceira fase, conhecida pela *institucionalização do Direito do Trabalho* veio a ocorrer em 1919 com a criação da OIT, pelo Tratado de Versalhes, objetivando divulgar o Direito do Trabalho pelos diversos países do mundo. Foi este o ano da Constituição de Weimar, que continha várias normas trabalhistas.

Dentre as normas trabalhistas existentes, a Constituição Alemã de Weimar previa expressamente em seu art. 159 o Direito de Associação:

> "É garantida para todos e para cada profissão a liberdade de associação destinada à defesa e exigência de condições de trabalho e econômicas. São ilegais todos os pactos e medidas que limitem essa liberdade ou que pretendam impedi-la[20]."

A I Guerra Mundial revelou que havia um tratamento desigual entre as nações beligerantes, relativamente às questões trabalhistas, o que propiciou esta oficialização dos movimentos sindicais e, conseqüentemente, do Direito do Trabalho.

Com o fim da guerra, o Tratado de Versalhes orientou as discussões de paz entre as nações e, como salientado, uma de suas criações foi de extrema importância para a evolução do

---

(19) RUSSOMANO, Mozart Victor. *Direito Sindical, Princípios Gerais*. Rio de Janeiro: José Konfino Editor, 1975, p. 136.

(20) NASCIMENTO, Amauri Mascaro. "Evolução Histórica do Sindicalismo". *In:* ROMITA, Arion Sayão (Coord.). *Sindicalismo*. São Paulo: LTr, 1986, p. 6.

Direito do Trabalho, a OIT — Organização Internacional do Trabalho que estabelecia regras em nível internacional para proteger os trabalhadores e uniformizar as questões trabalhistas.

*Amauri Mascaro Nascimento*[21] leciona, no que se refere aos movimentos sindicais, que, posteriormente, na França, dois grandes acordos foram negociados entre empregadores e empregados e que se destacam pelas suas repercussões no Direito do Trabalho.

Primeiro, o acordo de *Matignon* (1936), após um período conturbado inclusive com invasão de fábricas pelos operários, resultando três princípios que fundamentaram as novas relações de trabalho: liberdade sindical, convenções coletivas e delegados sindicais.

Segundo, o acordo de *Grenelle* (1968), pelo qual o governo obrigou-se a elaborar lei dispondo sobre o exercício dos direitos sindicais nas empresas, com o que se oficializou a representação sindical nas empresas mediante Lei de 1968.

Esta terceira fase de institucionalização do Direito do Trabalho teve cunho democrático e assimilou as conquistas desbravadas pelos trabalhadores durante todo o processo de estruturação deste ramo jurídico, bem como demonstrou o amadurecimento da legislação estatal.

Para *Mauricio Godinho Delgado*[22], é fundamental ressaltar que o Direito do Trabalho conseguiu incorporar-se à matriz das ordens jurídicas dos países desenvolvidos democráticos, respeitando o que chama de duas dinâmicas diferenciadas de formulação de normas jurídicas — a dinâmica negocial autônoma, concretizada no âmbito da sociedade civil, e a dinâmica estatal heterônoma, produzida no âmbito do aparelho do Estado.

Mas, se, por um lado, nos países ocidentais desenvolvidos, a evolução do Direito do Trabalho deu-se de forma democrática, incorporando as lutas e reivindicações dos trabalha-

---

(21) NASCIMENTO, Amauri Mascaro. "Evolução Histórica do Sindicalismo". *In:* ROMITA, Arion Sayão (Coord.). *Sindicalismo*. São Paulo: LTr, 1986, p. 7.

(22) DELGADO, Mauricio Godinho. *Introdução ao Direito do Trabalho: relações de trabalho e relações de emprego*. 3. ed. rev. e atual. São Paulo: LTr, 2001, p. 45-46.

dores e como resultado de seu amadurecimento organizativo, no Brasil, pode-se afirmar que o processo não ocorreu de forma tão intensa.

### 2.4.4. *Quarta fase*

Como não poderia deixar de ser, o Direito do Trabalho continua em seu processo histórico, e no trajeto de sua "evolução" adentra em uma nova fase conhecida por *crise e transição do Direito do Trabalho*[23], abrangendo o final do Século XX, iniciada especificamente na década de 1970, desenrolando-se até os dias atuais.

Os fatores determinantes para o surgimento da *crise do Direito do Trabalho* podem ser apontados: crise do petróleo, 1973/74; novas formas de prestação laborativa, como o *home office;* vitórias eleitorais decisivas consagrando a hegemonia desregulatória do Direito do Trabalho, dentre outros.

Entretanto, referida fase será analisada em capítulo próprio deste livro (capítulo 3).

## 2.5. *FASES DO DIREITO DO TRABALHO NO BRASIL*

Acredita-se que o Direito do Trabalho no Brasil ainda esteja em formação e, atualmente, por mais contraditório que possa parecer, sofrendo uma crise.

Mas vejamos como ocorreu o surgimento, desenvolvimento e consolidação deste ramo jurídico e dos movimentos de massa no Brasil.

Com a Lei Áurea, em 1888, foi abolida a escravatura no Brasil. Somente a partir desta data, então, pode haver a procura por um efetivo Direito do Trabalho, pois somente, com o fim da escravidão torna-se comum o trabalhador livre, que pode dispor de seu trabalho em troca de alguma retribuição.

---

(23) DELGADO, Mauricio Godinho. *Curso de Direito do Trabalho*, 2ª ed. São Paulo: LTr, 2003, p. 97.

### 2.5.1. *Primeira fase*

A primeira fase do Direito do Trabalho é denominada por *Mauricio Godinho Delgado*[24] de *manifestações incipientes ou esparsas* e refere-se ao período em que o trabalho subordinado era relevante em poucos segmentos da economia brasileira, tais como no setor agrícola cafeeiro avançado de São Paulo e nas indústrias nascentes do país.

Ainda segundo *Delgado*, a conjuntura histórica deste período, que se estende de 1888 a 1930, é assim narrada:

> "É característica desse período a presença de um movimento operário ainda sem profunda e constante capacidade de organização e pressão... Nesse contexto, as manifestações autonomistas e de negociação privada vivenciadas no novo plano industrial não têm ainda a suficiente consistência para firmar um conjunto diversificado e duradouro de práticas e resultados normativos, oscilando em ciclos esparsos de avanços e refluxos[25]."

Ademais, a política do liberalismo e a ideologia do individualismo exerciam hegemonia na sociedade daquela época, o que permitia pouca penetração ou a quase abstenção estatal no que se refere à elaboração de leis ou intervenção no mercado de trabalho.

No que toca ao Estado Liberal, a principal característica era a participação ínfima do governo na economia. Já o individualismo surge, também, como aspecto fundamental desta doutrina, por deixar de lado a chamada *questão social*, o coletivo. Assim, o Estado Liberal não favoreceu o Direito do Trabalho, mas deu ensejo para que se percebesse a necessidade da existência deste[26].

---

(24) DELGADO, Mauricio Godinho. *Introdução ao Direito do Trabalho: relações de trabalho e relações de emprego*. 3. ed. rev. e atual. São Paulo: LTr, 2001, p. 53.

(25) DELGADO, Mauricio Godinho. *Introdução ao Direito do Trabalho: relações de trabalho e relações de emprego*. 3. ed. rev. e atual. São Paulo: LTr, 2001, p. 53.

(26) BUDÓ, Marília Denardin. *Flexibilização do Direito do Trabalho. E a Justiça Social? Site* do Curso de Direito da UFSM. Santa Maria/RS. Disponível em: <http://www.ufsm.br/direito/artigos/trabalho/flexibilizacao-clt.htm>. Acesso em 11 nov. 2005.

As condições de trabalho no final de Século XIX e início do Século XX são narradas por *Antenor Nascimento*:

> "Metade dos trabalhadores tinha menos de 18 anos de idade e 8% tinham menos de 14 anos. O salário médio dava para comprar uma cesta composta de meio quilo de arroz, de açúcar, de café, de macarrão e de banha. As fábricas eram mal iluminadas, mal ventiladas e várias não tinham instalações sanitárias. Algumas descontavam do salário das mulheres o tempo gasto amamentando os filhos. No campo, o trabalho aproximava-se da servidão[27]."

Trata-se de um período com dispersas legislações relacionadas ao trabalho, objetivando setores e/ou assuntos específicos, sem formular qualquer estuário legal sistematizado.

Não obstante, ainda que em pequenas proporções, ocorreu certa valorização do trabalho, o que atendia ao interesse do próprio capitalismo que se difundia pelo Brasil e que necessitava de mão-de-obra para sustentá-lo.

A lógica do capitalismo é bem demonstrada por *Daniela Torres Conceição*[28], ao dizer que as leis existentes no período de surgimento do Direito do Trabalho não representavam ameaça ao sistema capitalista, pelo contrário, serviam como forma de atenuação dos abusos cometidos pelos empregadores com que a sociedade não mais coadunava.

> "Essa valorização do trabalho se confunde com o capitalismo ou, pelo menos, com o surgimento das condições para a formação desse sistema econômico baseado no trabalho livre. O novo modo de produção alicerçado na divisão

---

(27) NASCIMENTO, Antenor. "Especial Getúlio Vargas: A herança ficou pesada". *Revista Exame*, edição 824, ano 38, n. 16, 18.ago.04, p. 36.

(28) CONCEIÇÃO, Daniela Torres. "Contratação do Trabalho no Sistema Capitalista: das Modalidades de Conexão Laborativa nos Sistemas Pré-Capitalistas à Fórmula Empregatícia do Capitalismo". *In*: PIMENTA, José Roberto Freire *et al.* (Coords.). *Direito do Trabalho: Evolução, Crise, Perspectivas*. São Paulo: LTr, 2004, p. 116.

do trabalho em tarefas necessitava da valorização do trabalho para se tornar o modo predominante de produção de bens da sociedade[29]."

No que tange ao sindicalismo, existiram algumas associações, de fins assistenciais ou de finalidade reivindicativa, além de uniões e ligas operárias, mas nenhum tipo de movimento que fosse dotado de organização e poder de pressão e que recebesse a denominação de sindicato. Foi o anarco-sindicalismo que exerceu primordial papel como força de pressão pelo desenvolvimento da organização dos trabalhadores[30].

De fato, com a vinda de imigrantes europeus, aqui, se espalhou largamente a ideologia anarco-sindical, razão pela qual as primeiras associações operárias surgiram na ilegalidade e tinham uma concepção anarquista, anticapitalista[31].

### 2.5.2. *Segunda fase*

Em 1930, o Direito Trabalhista brasileiro sofre um salto histórico, fase considerada por alguns estudiosos como de supressão de etapas. Mas as conquistas e evoluções angariadas neste período não deixaram de ser feitas pela união e pressão dos trabalhadores, ainda que em menor proporção se comparados ao resto do mundo.

Esta fase vai de 1930 até 1945 — o Estado Getulista — e é conhecida como *Institucionalização do Direito do Trabalho*, que tem seus efeitos refletidos até a promulgação da Constituição Federal de 1988[32].

---

(29) CONCEIÇÃO, Daniela Torres. "Contratação do Trabalho no Sistema Capitalista: das Modalidades de Conexão Laborativa nos Sistemas Pré-Capitalista à Fórmula Empregatícia do Capitalismo". *In:* PIMENTA, José Roberto Freire *et al.* (Coords.). *Direito do Trabalho: Evolução, Crise, Perspectivas*. São Paulo: LTr, 2004, p. 108.

(30) NASCIMENTO, Amauri Mascaro. "Evolução Histórica do Sindicalismo". *In:* ROMITA, Arion Sayão (Coord.). *Sindicalismo*. São Paulo: LTr, 1986, p. 9.

(31) BUDÓ, Marília Denardin. *Flexibilização do Direito do Trabalho. E a Justiça Social? Site* do Curso de Direito da UFSM. Santa Maria-RS. Disponível em: <http://www.ufsm.br/direito/artigos/trabalho/flexibilizacao-clt.htm>. Acesso em 11 nov. 2005.

(32) DELGADO, Mauricio Godinho. *Introdução ao Direito do Trabalho: relações de trabalho e relações de emprego*. 3. ed. rev. e atual. São Paulo: LTr, 2001, p. 56.

"O Estado largamente intervencionista que ora se forma estende sua atuação também à área da chamada *questão social*. Nessa área implementa um vasto e profundo conjunto de ações diversificadas mas nitidamente combinadas: de um lado, através de uma profunda repressão sobre quaisquer manifestações autonomistas do movimento operário; de outro lado, através de uma minuciosa legislação instaurando um abrangente novo modelo de organização do sistema justrabalhista, estreitamente controlado pelo Estado[33]."

De fato, o Direito Trabalhista no Brasil foi um direito posto e não um Direito amplamente conquistado.

Quando o movimento operário e a união de massas eram ainda embrionários, o Estado produziu uma multiplicidade de normas trabalhistas, criando os sindicatos de patrões e empregados, ambos controlados pelo Estado e proibindo as organizações autônomas, criando a CLT, o salário mínimo, o Ministério do Trabalho, a Justiça do Trabalho e reformando e ampliando o sistema oficial de previdência — retirando, em parte, a possibilidade de que estas normas surgissem das lutas sociais.

Somente no cotidiano do labor, da rotina das indústrias é que os trabalhadores poderiam perceber suas necessidades, descobrir a vantagem de se unirem e reivindicar mais direitos que realmente coincidissem com seus anseios e histórias de lutas.

"A evolução política brasileira não permitiu, desse modo, que o Direito do Trabalho passasse por uma fase de *sistematização e consolidação*, em que se digladiassem (e se maturassem) propostas de gerenciamento e solução de conflitos no próprio âmbito da sociedade civil, democratizando a matriz essencial do novo ramo jurídico[34]."

---

(33) DELGADO, Mauricio Godinho. *Introdução ao Direito do Trabalho: relações de trabalho e relações de emprego*. 3. ed. rev. e atual. São Paulo: LTr, 2001, p. 56.

(34) DELGADO, Mauricio Godinho. *Introdução ao Direito do Trabalho: relações de trabalho e relações de emprego*. 3. ed. rev. e atual. São Paulo: LTr, 2001, p. 113.

*Mozart Victor Russomano* retrata este fenômeno, ao dizer que:

> "O sindicato oprimido, controlado, dirigido ou modelado segundo as programações, os desejos e as ambições do Governo ou do Partido não tem a possibilidade de desenvolver programas eficientes de negociação coletiva. Falta-lhe a alma, que nasce do direito de reivindicação e do poder de barganha, sem os quais a negociação coletiva é infrutífera(35)."

Não obstante as características ora narradas, não se pode afirmar que nesta fase não tenha ocorrido avanço e desenvolvimento. O período getulista teve grande importância em vários aspectos do progresso econômico nacional e até mesmo no que se refere à legislação trabalhista.

A afirmação rígida e unilateral de que a forma autoritária de criação de normas trabalhistas por Getúlio Vargas só trouxe prejuízos é perigosa, uma vez que não se pode asseverar que, sem elas, o Brasil teria tomado rumos diferentes, com maiores lutas e reivindicações.

A história brasileira em período anterior à Era Vargas é assim narrada por *Antenor Nascimento*:

> "Antes de 1930, o país tinha leis trabalhistas dispersas e recentes. A escravidão havia sido abolida apenas 42 anos antes. As primeiras compensações ao trabalhador por acidentes de trabalho foram criadas somente em 1919. Um período anual de férias de 15 dias foi estabelecido em 1925, mais tarde ampliado pela CLT para 20 dias — o mês de férias a que todos os trabalhadores formais têm direito atualmente veio muito mais tarde, em 1977(36)."

---

(35) RUSSOMANO, Mozart Victor. *Direito Sindical. Princípios Gerais*. Rio de Janeiro: José Konfino Editor, 1975, p. 138.

(36) NASCIMENTO, Antenor. "Especial Getúlio Vargas: A herança ficou pesada". *Revista Exame*, edição 824, ano 38, n. 16, 18.ago.04, p. 36.

Ademais, algumas conquistas podem ser observadas, conforme demonstra *Marília Denardin Budó*:

"As lutas, aliadas ao surgimento dos Estado intervencionista já no século XX, trouxeram a possibilidade de uma maior regulamentação dos direitos dos trabalhadores, são exemplos a redução do horário de trabalho, a garantia de férias, de repouso semanal remunerado, etc. Foi com a intervenção do estado na tutela dos direitos dos trabalhadores que estes, após muitos anos de luta e de sofrimento, foram reconhecidos. O aparecimento do sindicalismo foi bastante significativo neste sentido, visto que foi o movimento dos trabalhadores organizados o estopim para a mudança nas relações de trabalho[37]."

Para entender o Direito, o estudioso deve pesquisar os fatos históricos, o contexto econômico, social e político, e nada o impede de fazer críticas. No entanto, se os direitos foram postos ou conquistados, o que realmente importa é que algum tipo de pressão os trabalhadores exerceram e este foi o Direito do Trabalho construído pela sociedade brasileira.

Direito do Trabalho que, nas últimas décadas, vem sofrendo um forte processo de desregulamentação, flexibilização e enfraquecimento, colocando em xeque as conquistas realizadas ao longo da história, assunto que será estudado mais detidamente no capítulo IV.

### 2.5.3. *Terceira fase*

A terceira fase existente na evolução do Direito do Trabalho brasileiro é conhecida como *transição democrática ou crise e transição do Direito do Trabalho*[38] e teve início com a Assembléia Constituinte em 1987, resultando na Carta Constitucional de 1988, vigente até os dias atuais.

---

[37] BUDÓ, Marília Denardin. *Flexibilização do Direito do Trabalho. E a Justiça Social? Site* do Curso de Direito da UFSM. Santa Maria/RS. Disponível em: <http://www.ufsm.br/direito/artigos/trabalho/flexibilizacao-clt.htm>. Acesso em 11 nov. 2005.

[38] DELGADO, Mauricio Godinho. *Introdução ao Direito do Trabalho: relações de trabalho e relações de emprego*. 3. ed. rev. e atual. São Paulo: LTr, 2001 p. 60.

A Constituição Federal de 1988 apresenta dupla face; se, por um lado, rompe com a tradição autoritário-corporativista do Regime Vargas, por outro lado, mantém alguns institutos engessadores da autonomia coletiva.

Um dos primeiros avanços percebidos pela nova Carta Magna foi proporcionar certa autonomia aos sindicatos, vez que retira o controle administrativo que era feito pelo Estado, por intermédio do Ministério do Trabalho, sobre os sindicatos. Além disso, valoriza o sindicato ao exigir sua participação para a realização da negociação coletiva.

Contudo, conforme observa-se do art. 8º, I, da Constituição Federal — por exemplo —, há a proibição de intervenção do Estado nos sindicatos. Lado outro, existe a exigência do registro no órgão competente, o que não deixa de ser um controle do Estado.

Eis o Texto Constitucional:

> "Art. 8º É livre a associação profissional ou sindical, observado o seguinte:
>
> I — a lei não poderá exigir autorização do Estado para a formação do sindicato, ressalvado o registro no órgão competente, vedadas ao Poder Público a interferência e a intervenção na organização sindical;
>
> ...
>
> VI — é obrigatória a participação dos sindicatos nas negociações coletivas de trabalho."

Outro avanço significativo foi a grande importância dada à negociação coletiva, reconhecendo expressamente os acordos e convenções coletivas como direitos sociais — art. 7º, XXVI, CR/88.

Veja-se o conteúdo normativo:

> "Art. 7º São direitos dos trabalhadores urbanos e rurais, além de outros que visem à melhoria de sua condição social:
>
> XXVI — reconhecimento das convenções e acordos coletivos de trabalho."

Mas, como ressaltado, a cada avanço democrático da Constituição de 1988 pode ser oposto um retrocesso, ou melhor, a manutenção de institutos retrógrados, tal como a exigência da unicidade sindical e a continuidade do financiamento compulsório da estrutura sindical.

Tem-se a normatividade abaixo transcrita:

> "Art. 8º É livre a associação profissional ou sindical, observado o seguinte:
>
> ...
>
> II — é vedada a criação de mais de uma organização sindical, em qualquer grau, representativa de categoria profissional ou econômica, na mesma base territorial, que será definida pelos trabalhadores ou empregadores interessados, não podendo ser inferior à área de um município.
>
> ...
>
> IV — a assembléia geral fixará a contribuição que, em se tratando de categoria profissional, será descontada em folha, para custeio do sistema confederativo da representação sindical respectiva, independentemente da contribuição prevista em lei."

Apesar dos inegáveis avanços realizados pela Constituição de 1988 (ressalvadas suas normas de preservação de um sistema sindical pouco adequado à democracia, conforme exposto), seu papel positivo não foi suficientemente testado e efetivado, uma vez que, já no alvorecer dos anos 90, começou a sofrer assédio de políticas ultraliberalistas. Nesse contexto, o Direito do Trabalho vem sendo transformado para adaptar-se aos interesses do neoliberalismo, com parco poder de defesa por parte dos trabalhadores, tendo em vista o receio do desemprego e as condições atuais de vida, questões que serão objeto do capítulo IV deste estudo[39].

---

[39] A respeito da influência ultraliberal no Direito do Trabalho brasileiro, consultar: DELGADO, Mauricio Godinho. *Capitalismo, trabalho e emprego: entre o paradigma da destruição e os caminhos de reconstrução*. São Paulo: LTr, 2005.

# 3. TRANSFORMAÇÕES DO DIREITO DO TRABALHO NA VIRADA DO SÉCULO XX E INÍCIO DO SÉCULO XXI

## 3.1. TRANSFORMAÇÕES NO MUNDO

A organização do trabalho no início de Século XX foi conhecida por *taylorismo*[1], que pregava, como método e desenvolvimento do trabalho, a apreensão do modo de operação das máquinas pelo setor empresarial e sua conseqüente retirada dos trabalhadores, deixando a cargo destes somente a execução das tarefas, diminuindo sua participação na elaboração do modo de produção, numa cultura de verdadeira alienação.

De fato, ocorre uma racionalização dos modos de trabalho, mas *Frederick Winslow Taylor* — seu criador — ignorou, infelizmente, neste método bastante lógico, do ponto de vista técnico, os efeitos da fadiga e os aspectos humanos, psicológicos e fisiológicos das condições de labor, o que apontaria para a necessidade de regulamentação do trabalho.

Em adição a este período, o mundo do trabalho vivenciou o *fordismo*, expressão derivada do nome *Henry Ford*, empresário que criou um novo modo de organização da produção, baseado em dois princípios complementares, visando obter maior intensidade no processo de trabalho, o que passaria a ser conhecido como produção em série.

---

[1] CORIAT, Benjamin. *Pensar pelo avesso: o modelo japonês de trabalho e organização*. Rio de Janeiro: Revan, UFRJ, 1994, p. 29.

Os princípios completamentares propostos por *Ford* são definidos pela integração de esteiras ou trilhos nos diversos segmentos do processo de trabalho, fazendo com que as matérias-primas em transformação se desloquem e os trabalhadores fiquem fixos em seus postos de trabalho.

Na fábrica de Ford, os veículos eram colocados numa esteira e passavam de um operário para outro, para que cada um fizesse uma etapa do trabalho.

Deste modo, garantia-se que a cadência de trabalho passasse a ser gerida de maneira mecânica e externa ao trabalhador, conferindo nova regulação para o trabalho coletivo(2).

Os métodos de produção eram desenvolvidos visando maior lucratividade, sem levar em conta as condições de ergonomia, saúde e salubridade dos trabalhadores.

O *fordismo* teve seu ápice no período posterior à Segunda Guerra Mundial, nas décadas de 1950 e 1960, que ficou conhecido na história do capitalismo como os *Anos Dourados* ou a *Era de Ouro*(3).

Portanto, com as mudanças sofridas no processo de produção e organização do trabalho, sedimentou-se a divisão do trabalho, por meio do *fordismo* e do pensamento *keynesiano*. Cresceram as doenças profissionais, a desigualdade social e os problemas sociais. Os serviços sociais, então, surgiram para amenizar estas dificuldades, visando garantir a sobrevivência das sociedades. Nasceu o Welfare State, o Estado do Bem-Estar Social.

O Estado de Bem-Estar Social surgiu nos países europeus devido à expansão do capitalismo após a Revolução Industrial e ao movimento de um Estado Nacional objetivando à democracia e, principalmente, pela emergência dos movimentos de massa que passaram a demandar maior segurança socioeconômica.

---

(2) RUAS, Roberto. *Efeitos da modernização sobre o processo de trabalho: condições objetivas de controle na indústria de calçados*. Fundação de Economia e Estatística (RS). Porto Alegre: Fundação de Economia e Estatística, 1985, p. 160.

(3) HOBSBAWM, E. J. *Era dos extremos: o breve século XX: 1914-1991*. 2. ed. São Paulo: Companhia das Letras, 1995, p. 253.

O pensamento de *John Maynard Keynes* — daí, o *keynesianismo* — é bem colocado por *Eric Hobsbawm*[4] para explicar a consonância entre o Estado do Bem-Estar Social e o capitalismo, pela lógica de que a renda dos trabalhadores, garantida pelo pleno emprego, gera verdadeira demanda de consumo, criando um efeito estimulante nas economias que atravessavam recessão após a crise de 1929.

O *Welfare State* foi um movimento que considerava responsabilidade estatal a manutenção e o provimento de garantias para tornar possível o convívio em sociedade mais justo, pela garantia de renda mínima às famílias, segurança nas contingências sociais — doença e velhice — e certificação para todos os cidadãos da qualidade nos serviços sociais.

> "Ocorreu a ampliação e a diversificação da intervenção social e econômica do Estado, inspirada nos princípios da teoria keynesiana e do Estado do bem-estar social. O Estado nacional de caráter keynesiano passou a interferir mais diretamente na economia, por meio, por exemplo, dos gastos públicos, dos planos de desenvolvimento regional, da criação de um número significativo de empregos no setor público e do atendimento às garantias reivindicadas pelos trabalhadores, a exemplo da garantia de emprego. E o Estado do bem-estar social desenvolveu políticas destinadas a reduzir as desigualdades sociais, como as de transportes urbanos, habitação, saneamento, urbanização, educação e saúde[5]."

Na seara trabalhista, por meio do contrato de emprego, o *Welfare State* permite um sistema de garantias ao trabalhador,

---

(4) HOBSBAWM, E. J. *Era dos extremos: o breve século XX: 1914-1991*. 2. ed. São Paulo: Companhia das Letras, 1995, p. 275.

(5) *A Terceira Revolução Industrial*, disponível em: http://www.01wfm.hpg.ig.com.br/terceirarevolucaoindustrial.htm. Acesso em 20.12.05.

servindo de valioso instrumento para a concretização dos ideais de Bem-Estar Social, permitindo a melhoria das condições de prestação do trabalho[6].

Contudo, este sonho sofreu forte abalo com a crise econômica deflagrada na década de 1970.

O *Welfare State* dependia do sucesso do modelo fordista, que floresceu no pós-guerra, que, por conseguinte, pressupunha a subida constante dos salários para manter o mercado ativo, ou seja, manter os níveis de produção e de consumo crescentes[7].

Porém, os salários não podiam crescer a ponto de ameaçar os lucros empresariais. Com a crise do petróleo, nos anos 70, gerando uma inflação de custos, e em se mantendo os níveis anteriores de salários e de lucros, alargaram-se ainda mais os preços dos produtos, propiciando elevada inflação.

Essa crise tem fulcro, principalmente, nos choques do petróleo de 1973/74 e 1978/79, que elevaram rapidamente seu preço, gerando recessão e conseqüente desemprego e endividamento. Mas ela também foi acentuada pela concorrência capitalista e a invasão dos mercados europeus e americanos pelo Japão.

As novas políticas surgidas nos anos 80 para enfrentamento da crise, de cunho liberal-monetarista, incrementaram a concentração de renda, cumulada com a redução da intervenção estatal e diminuição das políticas sociais, bem como o enfraquecimento dos sindicatos pelo alto desemprego, terminando por colocar em xeque o Estado de Bem-Estar Social.

Para *Delgado* uma conjugação de fatores podem ser verificados nessa época:

> "De um lado, uma crise econômica iniciada alguns anos antes, entre 1973/74 (a chamada *crise do petróleo*), que não encontrou resposta eficaz e rápida por parte das forças

---

(6) CONCEIÇÃO, Daniela Torres. "Contratação do Trabalho no Sistema Capitalista: das Modalidades de Conexão Laborativa nos Sistemas Pré-Capitalistas à Fórmula Empregatícia do Capitalismo". *In:* PIMENTA, José Roberto Freire *et al.* (Coords.). *Direito do Trabalho: Evolução, Crise, Perspectivas.* São Paulo: LTr, 2004, p. 122.

(7) *A Terceira Revolução Industrial*, disponível em: http://www.01wfm.hpg.ig.com.br/terceirarevolucaoindustrial.htm. Acesso em 20.12.05

políticas dirigentes. A crise abalava a higidez do sistema econômico, acentuando a concorrência interempresarial e as taxas de desocupação no mercado de trabalho. A par disso, agravava o déficit fiscal do Estado, colocando em questão seu papel de provedor de políticas sociais intensas e generalizantes[(8)]."

Continuando, *Delgado*[(9)] apresenta as conseqüências no Direito do Trabalho da profunda renovação tecnológica ocorrida nesta época. Assevera que com a microeletrônica, robótica e microinformática houve um agravamento da redução dos postos de trabalho, sucateamento da mão-de-obra, bem como novas formas de contratação e prestação do labor, chegando a criar a ilusão de uma *sociedade sem trabalho.*

A crise sofrida no chamado primeiro mundo na década de 1970 foi considerada, por certas interpretações, uma crise do próprio modelo, que apresentava queda da produtividade e das margens de lucros.

> "A partir da década de 1970, a saída foi investir num novo modelo que rompesse com aquilo que era considerado a rigidez do modelo fordista. A ordem era flexibilizar, ou seja, golpear a rigidez nos processos de produção, nas formas de ocupação da força de trabalho, nas garantias trabalhistas e nos mercados de massa, então saturados[(10)]."

Segundo *Antônio Álvares da Silva*[(11)], nos anos 80, com a queda do muro de Berlim, o conseqüente desmonte dos regimes socialistas e a elevação das taxas de juros internacionais, este modelo foi fortemente desarticulado.

---

(8) DELGADO, Mauricio Godinho. *Introdução ao Direito do Trabalho: relações de trabalho e relações de emprego.* 3. ed. rev. e atual. São Paulo: LTr, 2001, p. 97.

(9) DELGADO, Mauricio Godinho. *Introdução ao Direito do Trabalho: relações de trabalho e relações de emprego.* 3. ed. rev. e atual. São Paulo: LTr, 2001, p. 97.

(10) *A Terceira Revolução Industrial*, disponível em: http://www.01wfm.hpg.ig.com.br/terceirarevolucaoindustrial.htm. Acesso em 20.12.05.

(11) SILVA, Antônio Álvares da. *Flexibilização das Relações de Trabalho.* São Paulo: LTr, 2002, p. 32.

Disseminou-se, então, no início da década de 1980, principalmente nos países industrializados, um novo padrão de desenvolvimento, denominado pós-fordismo ou modelo flexível, baseado na tecnologia da informação e na ameaça aos empregos[(12)].

Portanto, uma nova ideologia foi criada, pela qual o Direito do Trabalho, tal qual se apresentava, era considerado bastante oneroso e deveria ser modificado; as empresas deveriam ser enxugadas, abandonando o conceito de grandes fábricas, indo contra toda a história de lutas e conquistas da classe trabalhadora.

O novo método, rotulado de *toyotismo*, numa referência à empresa japonesa Toyota, utiliza menos esforço humano, menos espaço físico, menos investimentos em ferramentas e menos tempo de engenharia para desenvolver um novo produto. A empresa, que possui um inventário computadorizado, juntamente com melhores comunicações e transportes mais rápidos, não precisa mais manter enormes estoques: é o sistema *just in time*[(13)].

No plano político, as vitórias eleitorais na Inglaterra (*Margaret Thatcher*, 1979), nos EUA (*Ronald Reagan*, 1980) e na Alemanha (*Helmut Kohl*, 1982) levaram ao poder a hegemonia de um pensamento desregulatório do Bem-Estar Social e flexibilizatório do Direito do Trabalho[(14)].

O novo modo de produção enxuta tem como princípio básico a combinação de novas técnicas gerenciais, com máquinas cada vez mais sofisticadas para produzir mais com menos recursos e menos mão-de-obra.

No modelo toyotista, existe o conceito de aperfeiçoamento contínuo, pelo qual, ao contrário do antigo modelo americano

---

(12) *A Terceira Revolução Industrial*, disponível em: http://www.01wfm.hpg.ig.com.br/terceirarevolucaoindustrial.htm. Acesso em 20.12.05.

(13) *A Terceira Revolução Industrial*, disponível em: http://www.01wfm.hpg.ig.com.br/terceirarevolucaoindustrial.htm. Acesso em 20.12.05.

(14) DELGADO, Mauricio Godinho. *Curso de Direito do Trabalho*. 2. ed. São Paulo: LTr, 2003, p. 97.

de raras inovações, o sistema de produção japonês é constituído para encorajar mudanças e aperfeiçoamentos constantes, como parte da rotina das operações. Para tanto, a gerência aproveita a experiência coletiva de todos os seus trabalhadores altamente qualificados e valoriza a solução de problemas em conjunto.

*Márcio Túlio Viana* sucinta e brilhantemente explica o novo modo de produção:

> "Já agora, a fábrica se horizontaliza. O ideal não é mais dominar, diretamente, toda a cadeia de produção, nem mesmo as últimas etapas. O modelo é a empresa enxuta, que elimina estoques e esperas, produz exatamente aquilo que pode vender, reduz progressivamente os custos, automatiza-se e se organiza em rede, jogando para as parceiras tudo o que lhe parece descartável[(15)]."

Seguindo o modelo japonês da produção enxuta, as empresas americanas e européias começaram a introduzir suas próprias modificações na estrutura organizacional, para acomodar as novas tecnologias da informática, da microeletrônica e da robotização.

Sob o título amplo de *reengenharia*, as empresas estão achatando suas tradicionais pirâmides organizacionais e delegando, cada vez mais, a responsabilidade pela tomada de decisão às equipes de trabalho.

O fenômeno da reengenharia[(16)], no entanto, atinge com veemência o Direito do Trabalho, pois força uma revisão fundamental no modo como os negócios são conduzidos, além de cortes profundos nas folhas de pagamentos e no processo produtivo, eliminando milhões de empregos e centenas de categorias de trabalho.

---

[(15)] VIANA, Márcio Túlio. "A Proteção Social do Trabalhador no Mundo Globalizado". *In:* PIMENTA, José Roberto Freire *et al.* (Coords.). *Direito do Trabalho: Evolução, Crise, Perspectivas.* São Paulo: LTr, 2004, p. 159.

[(16)] RIFKIN, Jeremy. *O fim dos empregos: o declínio inevitável dos níveis dos empregos e a redução da força global de trabalho.* São Paulo: Pearson Education do Brasil, 2001, p. 256.

Enquanto os trabalhadores não qualificados e semiqualificados continuam a ser substituídos pela introdução de novas tecnologias de informação e de comunicação, os altos empregados (que são em pequeno número) ganham valor.

Esta valorização da qualificação do trabalhador, com amplos conhecimentos de ciências e tecnologias, aumenta o fosso diferenciador entre o empregado especializado, com alta escolaridade, e o empregado comum, que se transforma em mão-de-obra flutuante[(17)].

Como salienta *Antônio Álvares da Silva*[(18)], enquanto o empregado comum fica sem emprego definido, sujeito a dispensas e restrição de mercado, com perigo de nunca mais retornar ao mundo produtivo, cresce a busca pelos altamente qualificados. Esses últimos têm grande independência e negociam pessoalmente as condições de trabalho e, individualmente, têm grande poder de pressão e barganha, acabando por flexibilizar o sistema rígido anterior.

O que quero dizer com isso é que o perfil deste trabalhador altamente qualificado traz consigo uma tendência de reordenação das normas protetoras, no sentido de que o contrato a ser realizado com a empresa não necessita, necessariamente, ser de emprego.

Tendo a possibilidade de negociar as cláusulas, flexibilizar os horários à sua conveniência e à própria necessidade da empresa, o modo de contratação desses empregados faz, indiretamente, com que os empregados comuns tornem-se ainda mais fracos nas reivindicações.

A estrutura da produção enxuta funciona com uma grande empresa, que racionaliza sua estrutura interna, reduzindo custos e o número de empregados, concentrando a atividade

---

(17) SILVA, Antônio Álvares da. *Flexibilização das Relações de Trabalho*. São Paulo: LTr, 2002, p. 33.

(18) SILVA, Antônio Álvares da. *Flexibilização das Relações de Trabalho*. São Paulo: LTr, 2002, p. 33-34.

somente no objetivo principal. Para suas atividades periféricas e acessórias surge a satelitização de empresas[19], por meio de terceirizações.

> "Do mesmo modo que se faz uma distinção profunda entre empregado altamente qualificado e o com pouca escolaridade, também entre empresas esta diferença se mostra, tornando-se as menos qualificadas ancilares e periféricas das empresas de ponta[20]."

Quanto aos fatores políticos da época toyotista, ou pós-fordista, surge uma forte arma capitalista, disposta a diminuir os custos trabalhistas e a reduzir a participação do Estado ao estritamente necessário.

> "A incapacidade de fazer frente à crise estrutural que atingiu as principais economias capitalistas nos anos 70, sobretudo a inflação cumulativa, criou as condições econômicas, sociais e políticas que permitiram o estabelecimento da nova ordem social, ao neoliberalismo combinaram-se, então, o fracasso da antiga ordem e as pressões dos promotores da nova. A tudo isto se soma o então cada vez mais evidente fracasso do modelo soviético e a fragilidade do movimento operário[21]."

Assim, as práticas políticas no período pós-fordismo são baseadas no neoliberalismo, que prega a não intervenção estatal na economia, a onda de privatizações, em nome da competitividade das empresas, do crescimento, da modernidade e da globalização.

---

(19) SILVA, Antônio Álvares da. *Flexibilização das Relações de Trabalho*. São Paulo: LTr, 2002, p. 36.

(20) SILVA, Antônio Álvares da. *Flexibilização das Relações de Trabalho*. São Paulo: LTr, 2002, p. 35.

(21) DUMENIL, Gerard e LEVY, Dominique. *O Imperialismo na Era Neoliberal*. Disponível em: http://www.jourdan.ens.fr/levy/dle2004h.doc. Acesso em 2 abr. 2006.

Para *Gabriela Neves Delgado*[22], ao mesmo tempo em que se firmava mais uma vez o primado do mercado, o Estado liberal era reestruturado sob nova denominação de Estado neoliberal ou Estado mínimo.

No entanto, a política neoliberal acaba por acirrar o problema da desigualdade social e a precarização do trabalho, por propiciar um brutal processo de concentração de capital e poder, o que gera um aumento crônico da exclusão social, da pobreza, do analfabetismo e do desemprego.

> "O Estado, como já pode ser visto, é o principal alvo dos ataques ideológicos neoliberais, não porque ele tenha sido um verdadeiro instrumento de equalização social, mas porque ele não deixou de representar um tipo de planejamento que não colocava apenas o lucro das corporações multinacionais como o único benefício. Muito a contragosto das elites internacionais, os Estados-Nação, particularmente os sociais e desenvolvimentistas, colocavam, de alguma forma, os investimentos sociais como rubricas fundamentais nos planos de desenvolvimento[23]."

Por outras palavras, a ideologia da política neoliberal em nada estranha os princípios do capitalismo, quais sejam: intervenção estatal limitada ao que for rigorosamente indispensável, livre iniciativa e força de mercado.

Segundo estudos franceses de *Gérard Dumenil* e *Dominique Lévy*[24], com o neoliberalismo, particularmente em cada país, aumentou-se a liberdade de iniciativa para comprar e vender, empregar e demitir trabalhadores, comprar filiais e fazer fusões, seguida, por outro lado, da restrição cada vez maior dos direitos dos trabalhadores.

---

(22) DELGADO, Gabriela Neves. "O Mundo do Trabalho na Transição entre os Séculos XX e XXI". *In:* PIMENTA, José Roberto Freire *et al.* (Coords). *Direito do Trabalho: Evolução, Crise, Perspectivas.* São Paulo: LTr, 2004, p. 128.

(23) LUCAS, João Ignacio Pires. *Neomonopolismo e o vários liberalismos: e os estudos dos casos do Chile e Brasil.* Disponível em: http://fuentes.csh.udg.mx/CUCSH/Sincronia/pires2.htm. Acesso em 15 abr. 2006.

(24) DUMENIL, Gerard e LEVY, Dominique. *O Imperialismo na Era Neoliberal.* Disponível em: http://www.jourdan.ens.fr/levy/dle2004h.doc. Acesso em 2 abr. 2006.

Já no plano internacional, as fronteiras comerciais são reduzidas, quando não suprimidas, e os capitais adquirem o direito de circular livremente.

Enfim, todas as transformações políticas, econômicas e sociais fazem parte da evolução da vida e é inconsistente tentar detê-las completamente.

Contudo, as mudanças ocorridas com o pós-fordismo, bem como a política do neoliberalismo geraram arrebatadoras metamorfoses no Direito do Trabalho e em suas estruturas basilares.

A saída, penso convictamente, não consiste apenas em contestar as mudanças ou mesmo delas fugir, mas sim em criar mecanismos para proteção do trabalhador, assim como para a manutenção dos direitos duramente conquistados ao longo da história da humanidade[25].

## 3.2. *A CRISE NO BRASIL*

A evolução do Direito do Trabalho na Europa deu-se muito antes da evolução trabalhista brasileira. As leis trabalhistas que surgiram na Europa refletiram-se, mesmo que timidamente, no Brasil, com a elaboração de algumas leis. Da mesma forma, as transições e crises ocorridas no mundo têm seus reflexos, ainda que com alguns anos de atraso, no plano interno dos países de economia periférica, entre eles o Brasil.

As empresas brasileiras, na esteira de mudanças do sistema produtivo dos países ocidentais desenvolvidos, aderiram ao *toyotismo*, passando a racionalizar espaços, custos e a diminuir o quadro de empregados, além de efetivar uma maciça terceirização.

No tocante à crise vivida pelos países da Europa e pelos EUA no final da década de 1970 e início da década de 80, o

---

(25) A respeito do contraponto entre *keynesianismo* e *ultraliberalismo*, a par das duas hegemonias verificadas em momentos distintos dos Séculos XX/XXI, consultar: DELGADO, Mauricio Godinho. *Capitalismo, trabalho e emprego: entre o paradigma da destruição e os caminhos de reconstrução*. São Paulo: LTr, 2005.

Brasil a vivencia atualmente, com forte abstenção do Estado, política de desregulamentação das leis trabalhistas, retirada de direitos clássicos e desemprego.

*Gabriela Neves Delgado* expressa as conseqüências do neoliberalismo e da nova forma de produção no Direito do Trabalho brasileiro:

> "Assim, o Direito do Trabalho também passou a inserir em sua estrutura interna dinâmicas e efeitos próprios do neoliberalismo, como ilustrativamente, por meio de implemento dos fenômenos da desregulamentação e da flexibilização de direitos[(26)]."

Mas, para *Márcio Túlio Viana*[(27)], a despeito de todos falarem em crise, na essência, o sistema continua o mesmo — capital pelo capital; lucro pelo lucro —, transformando tão-somente as estratégias de domínio.

> "O Estado perdeu renda. O sindicato já não obtinha conquistas. A lei se recusava a avançar. E tudo isso comprimia ainda mais o poder aquisitivo. O círculo passou a ser vicioso. E como já não havia um mundo novo a explorar, era preciso de algum modo, reinventar o que existia[(28)]."

Com a economia modificada lá fora, passou a prevalecer o pensamento de que o Brasil precisava se adequar ou então seria consumido, seria tragado, seria alijado do eixo capitalista.

A partir de então, quando a economia passou a ser globalizada e as cartas do jogo[(29)] a serem dadas pelo próprio mercado,

---

(26) DELGADO, Gabriela Neves. "O Mundo do Trabalho na Transição entre os Séculos XX e XXI". *In:* PIMENTA, José Roberto Freire *et al.* (Coords.). *Direito do Trabalho: Evolução, Crise, Perspectivas.* São Paulo: LTr, 2004, p. 143.

(27) VIANA, Márcio Túlio. "A Proteção Social do Trabalhador no Mundo Globalizado". *In:* PIMENTA, José Roberto Freire *et al.* (Coords.). *Direito do Trabalho: Evolução, Crise, Perspectivas.* São Paulo: LTr, 2004, p. 158.

(28) *Idem, ibidem.*

(29) GONÇALVES, Antônio Fabrício de Matos. "Reestruturação Produtiva, Globalização e Neoliberalismo: Reflexos no Modelo Brasileiro e suas Conseqüências na Legislação Trabalhista". *In:* PIMENTA, José Roberto Freire *et al.* (Coords.). *Direito do Trabalho: Evolução, Crise, Perspectivas.* São Paulo: LTr, 2004, p. 216.

no contexto da nova hegemonia liberal no mundo desenvolvido, poucos eram os caminhos que se imaginavam abertos para as economias emergentes.

Neste plano, o Brasil adotou uma estratégia de atrair o capital estrangeiro, para tanto, valendo-se de todas as medidas possíveis: a redução de impostos para o capital externo, a precarização do labor, o avanço da terceirização e a flexibilização das leis trabalhistas.

O pontapé inicial para a desarticulação do Direito do Trabalho ocorreu com a criação do Fundo de Garantia do Tempo de Serviço — FGTS, criado pela Lei n. 5.107/66 e atualmente regulado pela Lei n. 8.036/90, que instituiu um sistema alternativo para disciplinar o tempo de serviço do empregado na empresa, ao rígido e protetivo sistema celetista.

Neste sentido assegura *Mauricio Godinho Delgado*:

> "A sistemática do FGTS liberalizou, economicamente, o mercado de trabalho no país, se contraposta à sistemática então vigorante; com isso, aproximou o sistema justrabalhista, no tocante à cessação do contrato, a um mercado de tipo liberal, em contraponto ao do tipo regular. É que a sistemática do Fundo de Garantia não apenas retirou limites jurídicos às dispensas desmotivadas (no sistema do Fundo, repita-se, não seria mais possível, juridicamente, o alcance da velha estabilidade celetista), como também reduziu, de modo significativo, o obstáculo econômico-financeiro às rupturas de contratos inferiores a nove/dez anos, substituindo-o pela sistemática pré-constituída dos depósitos mensais do FGTS[(30)]."

A crise do Direito do Trabalho, com todo o seu processo de flexibilização e de desregulamentação, obteve certo espaço com a Constituição Federal de 1988, por contraditório que isto pareça.

---

[(30)] DELGADO, Mauricio Godinho. *Curso de Direito do Trabalho*. 2. ed. São Paulo: LTr, 2003, p. 1.228.

Como já assinalado no primeiro capítulo, a CR/88 trouxe vários avanços, como também alguns recuos.

A esta altura, cabe a demonstração de algumas de suas normas que, mesmo não intencionalmente, abriram brecha para o processo flexibilizatório, que ora vivenciamos.

O art. 7º, inciso VI, da CR/88, que trata da irredutibilidade do salário, abre exceção para que a negociação coletiva disponha de forma diversa, sem, em tese, exigir, em contrapartida, qualquer redução concomitante da jornada de trabalho ou outro direito compensatório.

Também configurou verdadeira abertura flexibilizatória a possibilidade de alteração da jornada de trabalho vinculada aos turnos ininterruptos de revezamento — art. 7º, XIV da CR/88 —, via negociação coletiva.

Sobre esse assunto, em defesa dos trabalhadores e como limite a uma interpretação extremamente flexibilizatória dos referidos preceitos, o presente estudo objetiva demonstrar os limites que devem ser impostos à negociação coletiva, tema a ser tratado detidamente no capítulo IV.

Outro exemplo de fenda constitucional flexibilizatória diz respeito à desvinculação da participação nos lucros e resultados da remuneração, por meio do art. 7º, inciso XI, como forma de baratear a mão-de-obra empregatícia, uma vez que não integrando o salário, a participação nos lucros não tem o efeito expansionista circular[(31)].

Foi a Constituição de 1988 que sepultou a interpretação da natureza da parcela de participação nos lucros e resultados como não sendo verba salarial. Até então, referida participação era assimilada pela jurisprudência (antigo Enunciado n. 251, TST) como verba de natureza salarial, integrando o salário obreiro para todos os fins[(32)].

---

(31) DELGADO, Mauricio Godinho. *Curso de Direito do Trabalho*. 2. ed. São Paulo: LTr, 2003, p. 691.

(32) DELGADO, Mauricio Godinho. *Curso de Direito do Trabalho*. 2. ed. São Paulo: LTr, 2003, p. 693.

Dez anos mais tarde, ainda no decorrer deste processo de fragmentação do Direito do Trabalho, foi editada a Lei n. 9.601/98, que trata do banco de horas e demais critérios de contratação por tempo determinado, funcionando como mais uma ferramenta de desoneração do contrato de emprego.

Quanto ao referido diploma legislativo, Lei n. 9.601/98, *Mauricio Godinho Delgado*(33) expõe duas incongruências em relação ao estuário principiológico e normativo do Direito do Trabalho.

Primeiramente, ao alargar as possibilidades de contratação por tempo determinado, entra em flagrante contradição com o princípio da norma mais favorável, esculpido pelo art. 7º, CR/88.

Além disso, a lei retira o caráter de excepcionalidade das contratações a termo, indo contra o princípio da *continuidade da relação de emprego*, que estipula como regra os contratos por prazo indeterminado.

Em 2004, foi promulgada a Emenda Constitucional n. 45, que modifica o art. 114 da CR/88, criando enorme polêmica sobre a competência da Justiça do Trabalho(34) ao fixar o marco competencial na expressão genérica *relação de trabalho* ao invés da clássica *relação de emprego*, a reforma constitucional, apesar de suas inúmeras outras virtudes, pode ter agregado força à tendência liberalista de enfraquecer a universalização das relações empregatícias e do Direito do Trabalho na sociedade brasileira.

Tendo em vista a crise enfrentada pelo Brasil quanto ao Direito do Trabalho, o desprestígio que este vem sofrendo e considerando o lento processo histórico para sua consolidação, alcançada por meio de árduas conquistas dos trabalhadores, torna-se importante discutir e estudar os princípios do Direito do Trabalho, principalmente os que protegem o empregado no momento da negociação coletiva e sua posição de hipossuficiência diante do ser coletivo — o empregador.

---

(33) DELGADO, Mauricio Godinho. *Curso de Direito do Trabalho*. 2. ed. São Paulo: LTr, 2003, p. 574-575.

(34) A respeito ler a obra: DELGADO, Mauricio Godinho; TEODORO, Maria Cecília Máximo e PEREIRA, Vanessa dos Reis (Coords.). *Relação de Trabalho: fundamentos interpretativos para a nova competência da Justiça do Trabalho*. São Paulo: LTr, 2005.

# 4. Princípios do Direito do Trabalho

Diante das considerações históricas realizadas, reafirma-se a necessidade da apreensão do significado dos princípios do Direito do Trabalho, bem como da sua importância em nosso ordenamento jurídico, tendo em vista a sua moderna concepção como fonte normativa para a elaboração e para a aplicação do Direito.

## 4.1. CONCEITO E IMPORTÂNCIA

Atualmente, os princípios desempenham imprescindível papel no Direito. Por meio dos princípios, direitos são assegurados, controvérsias são resolvidas, impasses interpretativos elucidados. Para tanto, apreender o significado de princípio é o primeiro passo para que se possa bem os utilizar, a fim de que, numa perspectiva integrativa, os direitos trabalhistas garantidos, sobretudo em sede heterônoma, não sejam suprimidos pela negociação coletiva, o que, aliás, constitui o tema central deste livro.

Ademais, o próprio legislador reconhece que as leis elaboradas não são suficientes para cobrir todos os acontecimentos e vicissitudes da experiência humana, gerando situações imprevistas que não poderia vislumbrar no momento de feitura da lei. Para as lacunas que daí surgem existem os princípios[1].

[1] REALE, Miguel. *Lições preliminares de direito*. 19. ed. São Paulo: Saraiva, 1991, p. 306.

Nos ensinamentos de *Luiz Otávio Linhares Renault* fica perfeitamente transmitida a concepção do que são os princípios:

> "Os princípios são como que o cerne, são como que a atividade matricial, como que o suporte, como que a base, a viga mestra, o guia, a luz, como que o coração do coração de qualquer instituto ou ciência, e, ao mesmo tempo em que dão substância, auxiliam a compreensão da realidade a ser analisada, por meio de um método de síntese, pelo qual se recompõe o núcleo do que foi decomposto[(2)]."

*Miguel Reale* ensina que os princípios "são certos enunciados lógicos admitidos como condição ou base de validade das demais asserções que compõem dado campo do saber".

Ainda de acordo com este autor, a palavra princípio possui duas acepções: "a primeira, de ordem moral, e a segunda, de ordem lógica. Naquela se enquadra o sentido ético, para significar as virtudes, a boa formação e as razões morais do homem. A acepção lógica, por sua vez, deve partir da escorreita compreensão de juízo, ou seja, a apreciação qualitativa de algo, até a formulação de uma proposição, nascendo dessa combinação o raciocínio"[(3)].

Na lição inexcedível do mestre *Mauricio Godinho Delgado*, de maneira geral, os princípios expressam proposições ideais geradas na consciência das pessoas e dos grupos sociais, em virtude de certa realidade, destinadas à sua compreensão, reprodução ou recriação[(4)].

Conforme ensina *Celso Antônio Bandeira de Melo*:

> "Princípio é, por definição, mandamento nuclear de um sistema, verdadeiro alicerce dele, disposição fundamental que

---

(2) RENAULT, Luiz Otávio Linhares. "Direito do Trabalho?" *In*: PIMENTA, José Roberto Freire *et al*. (Coords.). *Direito do Trabalho: Evolução, Crise, Perspectivas*. São Paulo: LTr, 2004, p. 42.

(3) REALE, Miguel. *Lições preliminares de direito*. 19. ed. São Paulo: Saraiva, 1991, p. 305.

(4) DELGADO, Mauricio Godinho. *Princípios de Direito Individual e Coletivo do Trabalho*. 2. ed. São Paulo: LTr, 2004, p. 14.

se irradia sobre diferentes normas, compondo-lhes o espírito e servindo de critério para a sua exata compreensão e inteligência, exatamente por definir a lógica e a racionalidade do sistema normativo, no que lhe confere a tônica e lhe dá sentido harmônico. É o conhecimento dos princípios que preside a intelecção das diferentes partes componentes do todo unitário que há por nome sistema jurídico positivo[5]."

Portanto, pode-se afirmar que os princípios constituem fontes fundamentais para o Direito em qualquer de suas ramificações. Assim, enquanto determinações ideais sobre certa realidade, universalmente aceitas como verdades incontestáveis, os princípios influem tanto na formação como na aplicação do Direito.

Deste modo, cabe a assertiva de que toda ciência, inafastavelmente, funda-se em princípios, e o Direito, como ciência que é, não poderia fugir dessa regra.

Oportuno lembrar a advertência de *Plá Rodriguez*, no sentido de que "todos os princípios devem ter alguma conexão, ilação ou harmonia entre si, já que em sua totalidade perfilam a fisionomia característica de um ramo autônomo do Direito, que deve ter sua unidade e coesão internas"[6].

De fato, não poderia ser diferente em relação ao Direito do Trabalho, vez que toda forma de conhecimento filosófico ou científico implica na existência de princípios, que como o próprio significado acima estudado deixou claro, são a bases fundamentais que lhe ditam a forma e a estrutura.

E o Direito do Trabalho, como ciência autônoma, assenta-se em princípios estruturais, de modo a justificar sua identidade própria.

---

[5] MELLO, Celso Antônio Bandeira. *Elementos de Direito Administrativo*. São Paulo: Revista dos Tribunais, 1981.

[6] RODRIGUEZ, Américo Plá. *Princípios de Direito do Trabalho*. Tradução portuguesa por Wagner D. Giglio. 3. ed. atual., São Paulo: LTr, 2000, p. 38.

## 4.2. *DISTINÇÃO ENTRE REGRAS E PRINCÍPIOS. FUNÇÕES DOS PRINCÍPIOS*

Uma vez compreendidos o significado e a importância dos princípios em nosso ordenamento jurídico, urge distingui-los das regras jurídicas e, após, demonstrar as suas funções.

Para *Luiz de Pinho Pedreira da Silva* "a principal diferença, e fundamental, é que as regras jurídicas estão, sempre, insertas explicitamente no ordenamento interno enquanto que com os princípios isto não acontece. Estão geralmente implícitos no mesmo ordenamento, sendo inferidos de uma regra ou de um complexo de regras"(7).

Uma segunda diferença, apontada por *Eros Grau*(8), é que as regras jurídicas são aplicadas em sua plenitude ou não o são. "Trata-se de um tudo ou nada. Já os princípios não se aplicam automática e necessariamente, ainda que as condições previstas como suficientes para sua aplicação se manifestem".

Na mesma linha, *Plá Rodriguez*: "só as regras podem ser observadas e aplicadas mecânica e passivamente. Mas essa aplicação é absolutamente inconcebível quanto aos princípios"(9).

Por fim, *Dworkin*(10) ensina que a terceira distinção entre regras jurídicas e princípios reside na dimensão do peso ou importância. Assim, a circunstância da adoção de um princípio pelo aplicador do Direito, em um caso concreto, implicar o afastamento do outro por apresentar incompatibilidades, não significa sua eliminação do sistema, até porque, em outro caso, diante do mesmo princípio, este pode vir a prevalecer.

Denotadas as principais diferenças entre princípios e regras jurídicas, verifica-se que, apesar da generalidade de

---

(7) SILVA, Luiz de Pinho Pedreira da. *Principiologia do Direito do Trabalho*. 2. ed. São Paulo: LTr, 1999, p. 13.

(8) GRAU, Eros Roberto. *Apud* SILVA, Luiz de Pinho Pedreira da. *Principiologia do Direito do Trabalho*. 2. ed. São Paulo: LTr, 1999, p. 13.

(9) RODRIGUEZ, Américo Plá. *Princípios de Direito do Trabalho*. Tradução portuguesa por Wagner D. Giglio. 3. ed. atual., São Paulo: LTr, 2000, p. 40.

(10) DWORKIN, Ronald. *Apud* SILVA, Luiz de Pinho Pedreira da. *Principiologia do Direito do Trabalho*. 2. ed. São Paulo: LTr, 1999, p. 14.

ambas, "os princípios têm uma aplicação mais abstrata, comporta uma série indefinida de aplicações, ao passo que a generalidade da regra diz respeito ao seu alcance de um número indeterminado de atos ou fatos"[11].

Desta feita, constatadas as diferenças entre regras e princípios, torna-se importante demonstrar as funções destes no ordenamento jurídico.

Nos dizeres de *José Augusto Rodrigues Pinto*, eles representam magna importância para a atividade criadora, a evolução e a aplicação do Direito[12].

Segundo *De Castro*, citado por *Plá Rodriguez*[13], os princípios gerais de direito têm três funções: informadora, normativa e interpretadora.

Informadora, tendo em vista que, de forma direta ou indireta, inspiram o legislador, servindo-lhe como fundamento do ordenamento jurídico.

Normativa, dado o fato de atuarem de forma supletiva, no caso de ausência de lei, ou seja, funcionam como elemento de integração da norma jurídica;

Interpretadora, eis que funcionam como um critério de orientação do juiz ou do intérprete da lei[14].

Percebe-se, pois, que os princípios possuem tríplice função dentro da ciência jurídica, tendo a conseqüência imediata de informar o legislador na época da elaboração da norma jurídica, servindo justamente de inspiração. Funcionam, ainda, como critério para a integração e aplicação da lei aos casos concretos, o que demonstra a exuberância de suas funções, em favor das quais os autores modernos tanto lutam.

---

(11) GRAU, Eros Roberto. *Apud* SILVA, Luiz de Pinho Pedreira da. *Principiologia do Direito do Trabalho*. 2. ed. São Paulo: LTr, 1999, p. 15.

(12) PINTO, José Augusto Rodrigues. *Curso de Direito Individual do Trabalho*. 5. ed. São Paulo: LTr, 2003, p. 75.

(13) RODRIGUEZ, Américo Plá. *Princípios de Direito do Trabalho*. Tradução portuguesa por Wagner D. Giglio. 3. ed. atual., São Paulo: LTr, 2000, p. 43.

(14) CASTRO, Frederico de. *Apud* RODRIGUEZ, Américo Plá. *Princípios de Direito do Trabalho*. Tradução portuguesa por Wagner D. Giglio. 3. ed. atual., São Paulo: LTr, 2000, p. 44.

Indo um pouco além, tais funções têm manifestações em duas fases próprias, com base nos ensinamentos de *Mauricio Godinho Delgado*, quais sejam, a de sua construção, chamada *fase pré-jurídica*; e de sua realização social, denominada *fase jurídica típica*.

Na fase pré-jurídica, os princípios apresentam-se como proposições gerais que propiciam uma direção coerente na construção da regra de direito. Já na fase jurídica típica desempenham funções diferenciadas e combinadas, em face de já existir o direito posto, construído[(15)].

Conforme ensina *Renault*[(16)], a fase pré-jurídica consiste no período de gestação da regra jurídica, não podendo dizer que se trata de um princípio *stricto sensu*. Uma vez que tudo nasce dos fatos, certamente, a fonte material do direito é essencialmente factual, o que, no entanto, não permite concluir que todos os comportamentos sejam considerados princípios.

Com o advento da Constituição Federal de 1988, nova e atual dimensão foi atribuída aos princípios, sob a denominação de função normativa, uma vez que constitucionalizados no Direito do Trabalho.

A partir de então, grande avanço foi imprimido pela doutrina que passou a considerá-los, ao lado das regras jurídicas, como espécies do gênero norma jurídica, dotando-os também de força normativa.

Essa nova função é denominada de normativa própria[(17)], pois considera que os princípios se relacionam com as normas jurídicas em pé de igualdade e direcionam o próprio comando da norma para que esta se harmonize com o sistema jurídico.

---

(15) DELGADO, Mauricio Godinho. *Princípios de Direito Individual e Coletivo do Trabalho*: 2. ed. São Paulo: LTr, 2004, p. 15-17.

(16) RENAULT, Luiz Otávio Linhares. "Direito do Trabalho?" *In:* PIMENTA, José Roberto Freire *et al.* (Coords.). *Direito do Trabalho: Evolução, Crise, Perspectivas*. São Paulo: LTr, 2004, p. 85.

(17) DELGADO, Mauricio Godinho. *Princípios de Direito Individual e Coletivo do Trabalho*. 2. ed. São Paulo: LTr, 2004, p. 18-22.

Ainda *Luiz Otávio Linhares Renault* atenta para a função normativa dos princípios, afirmando que:

> "Não há mais como se admitir que os princípios tenham as funções meramente interpretativa e normativa subsidiária. Valorizar cada vez mais a sua função normativa concorrente é admitir que o tempo não pára nunca para o intérprete e que existem valores principiológicos que assoalham, estruturam o conteúdo da norma jurídica elaborada pelo legislador, mas que se sobrepõem a ela[18]."

### *4.3. APLICAÇÃO DOS PRINCÍPIOS GERAIS DE DIREITO AO DIREITO DO TRABALHO*

A legislação infraconstitucional prevê que os princípios gerais de direito, bem como os especiais de Direito do Trabalho constituem fonte formal de Direito do Trabalho, conforme disposição contida no art. 8º da Consolidação das Leis do Trabalho.

Portanto, o ordenamento jurídico brasileiro admite, de forma expressa, a existência dos princípios gerais e especiais de direito, e, ainda, lhes atribui papel de suma importância como fonte formal do direito e método de aplicação e integração da norma jurídica.

Note-se que os princípios gerais de direito, a exceção de casos especialíssimos, não guardam identidade absoluta com os princípios próprios de um ramo jurídico especial, pelo que ao intérprete se reserva amplo espaço germinativo e interpretativo na esfera dos princípios informadores do Direito do Trabalho e curtíssimo espaço para a aplicação dos princípios gerais de direito.

---

[18] RENAULT, Luiz Otávio Linhares. "Direito do Trabalho?" *In:* PIMENTA, José Roberto Freire *et al.* (Coords.). *Direito do Trabalho: Evolução, Crise, Perspectivas*. São Paulo: LTr, 2004, p. 85.

Realmente, existem princípios do Direito Civil aplicáveis ao Direito do Trabalho.

Nesses casos, existe uma interpenetração axiológica controlada por uma verificação cuidadosa de adaptação, de acomodação mesmo, dos veios informadores de cada ramo para que não haja um desvio de rota no que tange à direção da tutela jurídica específica desejada pelo legislador.

Todavia, tais princípios gerais são válidos para ambos ou até diversos ramos do Direito, recebendo em determinadas ocasiões um caráter especial no Direito do Trabalho.

Assim ocorre, por exemplo, com o chamado princípio da *autonomia da vontade*, porque também nas relações de trabalho não se nega o poder dos indivíduos de suscitar, por meio de declaração de vontade, efeitos reconhecidos e protegidos pelo ordenamento jurídico, quer pela vontade una quer pelo consenso de vontades.

Não existe outra razão para que a CLT, no seu art. 444, disponha que a estipulação das condições de trabalho é livre em tudo aquilo que não contrarie a ordem pública, as decisões judiciais e as convenções de trabalho.

Nesta mesma direção parecem estar as regras constitucionais que estimulam a negociação coletiva como forma de solução autônoma e transacionada dos conflitos entre trabalhadores e empregadores.

No entanto, nesse aspecto, invertem-se as posições, pois enquanto no Direito Civil as disposições legais em matéria contratual têm caráter supletivo ou subsidiário, no Direito do Trabalho elas têm caráter principal, funcionando a autonomia de vontade de forma complementar.

Assim, ainda que aceita e por vezes estimulada a aplicação do princípio da *autonomia da vontade* no ordenamento jurídico trabalhista, comporta limites, posto que o Direito do Trabalho é um ramo tuitivo e, portanto, a autonomia da vontade não pode prevalecer quando perpetra prejuízo ao trabalhador.

Explica bem tal fenômeno, *Mauricio Godinho Delgado*, para quem os princípios externos ao Direito do Trabalho são de suma importância, no entanto não são especiais, próprios e oriundos dessa disciplina. Para ele tais princípios "sofrem adequações ao ingressarem neste ramo jurídico especializado, mas nem por isso passam a ser específicos do campo justrabalhista"(19).

Por outras palavras, nesse transplante não pode haver rejeição.

O princípio do *pacta sunt servanda* é do Direito Civil e se aplica ao Direito do Trabalho, rezando pela força obrigatória dos contratos também nas relações individuais e coletivas de trabalho como a primeira característica da atividade negocial, da qual resultam cláusulas do contrato individual e das convenções coletivas de trabalho.

O princípio retromencionado sustenta que o contrato deve ser executado pelas partes nos termos ajustados e as convenções coletivas mantêm-se pelo período de sua vigência, sendo sua modificação inviável, a não ser em casos excepcionais.

A força cogente que esse princípio imprime, consiste em estrutura basilar da segurança dos negócios jurídicos trabalhistas, necessária como condição de estabilidade e de paz nas relações entre os sujeitos acordantes.

Ainda na esfera trabalhista, nos casos em que surge a necessidade de revisão, admite-se o princípio consubstanciado na *cláusula rebus sic stantibus*, visando justificar as exceções que a isonomia exige, impostas como medidas indispensáveis para que a modificação sofrida pelos contratos permaneçam com respaldo jurídico, tendo em vistas as alterações ocorridas no estado de fato.

Dentre os princípios do Direito Civil aplicáveis ao Direito do Trabalho, existe, também, em decorrência da natureza sinalagmática dos contratos trabalhistas, o princípio *exceptio*

---

(19) DELGADO, Mauricio Godinho. *Princípios de Direito Individual e Coletivo do Trabalho*. 2. ed. São Paulo: LTr, 2004, p. 78.

*non adimplenti contractus*. Com base nele nenhum dos contratantes, antes de cumprida sua prestação, pode exigir o implemento da do outro. Assim, um equilíbrio prestacional é mantido, não sendo lícito exigir-se de um dos sujeitos o cumprimento do seu dever quando o outro sujeito não cumpriu previamente o seu como devia.

*José Augusto Rodrigues Pinto*[20], consubstanciado no art. 8º da CLT, destaca outros princípios gerais de maior afinidade com o Direito comum e processual e que se encontram presentes no Direito do Trabalho sempre que sua interpretação e aplicação exijam o recurso a fontes mais amplas do que as de seus limites estritos.

Dentre os princípios gerais aplicáveis ao Direito do Trabalho, citados por este mesmo autor, estão os da razoabilidade da conduta jurídica, da boa-fé nos contratos, da intransferibilidade de direito maior do que o possuído, do não beneficiamento com a própria malícia, do *pacta sunt servanda*, do não prejuízo a outrem pelo exercício do próprio direito e o da não condenação sem defesa.

*Mauricio Godinho Delgado*, citando os princípios da dignidade humana, da proporcionalidade e da boa-fé, destaca que a importância deles na área trabalhista é tão exponencial que podem ser arrolados como parte integrante do cerne do Direito do Trabalho[21].

## *4.4. PRINCÍPIOS ESPECIAIS DO DIREITO INDIVIDUAL DO TRABALHO*

Ao lado dos princípios gerais de direito, o Direito do Trabalho, como ramo autônomo que é, dispõe de princípios especiais, dos quais retira as diretrizes e postulados para a formação das normas trabalhistas e as que delas decorrem.

---

(20) PINTO, José Augusto Rodrigues. *Curso de Direito Individual do trabalho*. 5. ed. São Paulo: LTr, 2003, p. 81.

(21) DELGADO, Mauricio Godinho. *Princípios de Direito Individual e Coletivo do Trabalho*. 2. ed. São Paulo: LTr, 2004, p. 43-44.

*Plá Rodriguez* ressalta a importância dos princípios desse ramo do Direito, afirmando que eles constituem o fundamento do ordenamento jurídico trabalhista e, conseqüentemente, entre eles e os preceitos legais não pode haver contradição. Para o autor, tais princípios estão acima do Direito positivo, servindo de elemento inspirador, não podendo, porém, tornarem-se independentes dele, pois influenciam-se mutuamente[(22)].

Importante destacar que os princípios se caracterizam como enunciados básicos, que englobam indefinidas situações, sendo, portanto, especiais.

Mas, também, não se confundem os princípios especiais de outros ramos do Direito, por serem próprios do Direito do Trabalho, justificando sua autonomia e peculiaridade. Outrossim, tais princípios devem estar conexos, harmônicos entre si, conduzindo de modo unido e coeso o ramo de Direito autônomo.

O primeiro dos princípios a ser visto é o da *proteção do trabalhador* e resulta das normas imperativas, sendo, portanto, de ordem pública, caracterizando a intervenção básica do Estado nas relações de trabalho, visando a opor obstáculos à autonomia da vontade.

Tais regras demonstram uma linha divisória entre a vontade do Estado, manifestada pelos poderes competentes e a dos contratantes. Estes podem complementar ou suplementar o mínimo de proteção legal, mas encontram obstáculos quando da tentativa de supressão ou diminuição de direitos.

Assim, pode-se dizer que o Direito do Trabalho é um Direito especial, que se distingue do Direito comum, especialmente porque, enquanto o segundo supõe a igualdade das partes, o primeiro pressupõe uma situação de desigualdade que ele tende a corrigir com outras desigualdades. O Direito do Trabalho busca a igualdade material, substancial e não a meramente formal.

---

(22) RODRIGUEZ, Américo Plá. *Princípios de Direito do Trabalho*. Tradução portuguesa por Wagner D. Giglio. 3. ed. atual., São Paulo: LTr, 2000, p. 49.

A necessidade de proteção social aos trabalhadores constitui a raiz sociológica do Direito do Trabalho e é intrínseca a todo seu ordenamento jurídico.

*Plá Rodriguez* cita a observação de *Kaskel*, dizendo que as normas jurídicas públicas e as privadas coexistem nesse ramo do Direito, "uma ao lado das outras, não de forma mutuamente excludente, senão reforçando-se reciprocamente; ambas baseadas no Princípio Protetor do Direito social como ponto de partida e como elemento diretor para o desenvolvimento e interpretação"[(23)].

Atualmente, a intervenção do Estado nas relações de trabalho será maior ou menor considerando-se não apenas o sistema econômico adotado pelo respectivo regime jurídico-político, mas também a possibilidade real de os sindicatos, por meio dos instrumentos da negociação coletiva, conseguirem a estipulação de condições adequadas de trabalho ou a complementação da base mínima fixada por lei.

Nos países de economia de mercado observa-se que o intervencionismo estatal nas relações de trabalho reduz-se na razão inversa do fortalecimento da organização sindical.

Nos sábios dizeres de *Mauricio Godinho Delgado*, o princípio tuitivo, como também é conhecido, "estrutura em seu interior uma teia de proteção à parte hipossuficiente na relação empregatícia — o obreiro — visando a retificar, no plano jurídico, o desequilíbrio inerente ao plano fático do contrato de trabalho"[(24)].

*Plá Rodriguez* diz que "se refere ao critério fundamental que orienta o Direito do Trabalho, pois este, ao invés de inspirar-se num propósito de igualdade, responde ao objetivo de estabelecer um amparo preferencial a uma das partes: o trabalhador"[(25)].

---

[(23)] RODRIGUEZ, Américo Plá. *Princípios de Direito do Trabalho*. Tradução portuguesa por Wagner D. Giglio. 3. ed. atual., São Paulo: LTr, 2000, p. 130.

[(24)] DELGADO, Mauricio Godinho. *Princípios de Direito Individual e Coletivo do Trabalho*. 2. ed. São Paulo: LTr, 2004, p. 82.

[(25)] RODRIGUEZ, Américo Plá. *Princípios de Direito do Trabalho*. Tradução portuguesa por Wagner D. Giglio. 3. ed. atual., São Paulo: LTr, 2000, p. 83.

*Cintra, Grinover* e *Dinamarco* afirmam que "a absoluta igualdade jurídica não pode, contudo, eliminar a desigualdade econômica, por isso, do primitivo conceito de igualdade, formal e negativa, clamou-se pela passagem à igualdade substancial". A aparente quebra do princípio da isonomia, dentro e fora do processo, obedece exatamente ao princípio da igualdade real e proporcional, que impõe tratamento desigual aos desiguais, justamente para que, supridas as diferenças, se atinja a igualdade substancial[(26)].

Decorrentes dos fundamentos jurídico-políticos e sociológicos do princípio protetor encontram-se os demais princípios, vez que ele seria "o inspirador amplo do complexo de regras, princípios e institutos que compõem esse ramo jurídico especializado"[(27)].

O segundo princípio é o *in dubio pro operario*[(28)], que aconselha o intérprete a escolher, entre duas ou mais interpretações viáveis, a mais favorável ao trabalhador, desde que não afronte a nítida manifestação do legislador, nem se trate de matéria proibitória.

*Plá Rodriguez* diz que é "o critério segundo o qual, no caso de que uma norma seja suscetível de entender-se de vários modos, deve-se preferir a interpretação mais favorável ao trabalhador"[(29)].

Para *Pedreira da Silva* trata-se do "favor pela parte mais fraca da relação jurídica". Mas atenta para a necessidade de observância de alguns limites: a existência real de dúvida e respeito à *ratio legis*[(30)].

---

(26) CINTRA, Antônio Carlos de Araújo; GRINOVER, Ada Pellegrini; DINAMARCO, Cândido Rangel. *Teoria Geral do processo.* 13. ed. São Paulo: Malheiros, 1997, p. 54.

(27) DELGADO, Mauricio Godinho. *Princípios de Direito Individual e Coletivo do Trabalho.* 2. ed. São Paulo: LTr, 2004, p. 82-83.

(28) Cumpre observar que há doutrinadores, como GODINHO, que consideram este princípio já superado, por possuir pouco fundamento técnico-científico. Esse autor sugere que as dúvidas de fato devem ser solucionadas com base na teoria do ônus da prova, ao passo que as de direito devem ser superadas com respaldo nos métodos interpretativos.

(29) RODRIGUEZ, Américo Plá. *Princípios de Direito do Trabalho.* Tradução portuguesa por Wagner D. Giglio. 3. ed. atual., São Paulo: LTr, 2000, p. 107.

(30) SILVA, Luiz de Pinho Pedreira da. Principiologia do Direito do Trabalho. 2. ed. São Paulo: LTr, 1999, p. 49-50.

Na obra "Instituições de Direito do Trabalho", os autores definem que essa regra aconselha o intérprete a escolher, entre duas ou mais interpretações viáveis, a mais favorável ao trabalhador, desde que não afronte a nítida manifestação do legislador nem se trate de matéria probatória[31].

Outro princípio justrabalhista é o princípio da *norma mais favorável*, em virtude do qual, independentemente da colocação da norma na escala hierárquica do ordenamento jurídico, aplica-se, em cada caso, a que for mais favorável ao trabalhador.

Diz *Rodrigues Pinto* que "havendo mais de uma norma de sentido diverso aplicável a uma situação jurídica, deve-se preferir a que favoreça o empregado"[32].

*Mauricio Godinho Delgado*, reportando-se à tipologia de *Amauri Mascaro Nascimento*, destaca a atuação deste princípio em três dimensões. Na primeira, a pré-jurídica ou política, atua como princípio informativo para que o legislador crie normas mais favoráveis. Na segunda, a função é para o operador do Direito, que deve basear-se nesse princípio quando houver conflito de normas. E a última dimensão é interpretativa, ou seja, no contexto do confronto entre interpretações, escolhe-se a norma mais favorável[33].

Para *Eugênio Perez Botija*, a regra da aplicação da norma mais favorável resume-se em que "havendo uma pluralidade de normas aplicáveis a uma relação de trabalho, há de se optar pela que seja mais favorável ao trabalhador"[34].

É importante ressaltar as palavras de *Francisco Meton Marques de Lima* de que "existe um limite para a aplicação da

---

(31) SÜSSEKIND, Arnaldo; MARANHÃO, Délio; VIANNA, Segadas e TEIXEIRA FILHO, João de Lima. *Instituições de Direito do Trabalho*. 16. ed. São Paulo: LTr, 1997, p. 134.

(32) PINTO, José Augusto Rodrigues. *Curso de Direito Individual do trabalho*. 5. ed. São Paulo: LTr, 2003, p. 77.

(33) DELGADO, Mauricio Godinho. *Princípios de Direito Individual e Coletivo do Trabalho*. 2. ed. São Paulo: LTr, 2004, p. 66.

(34) BOTIJA, Eugenio Pérez. *"Derecho del trabajo"*. *Apud* LIMA, Francisco Meton Marques de. *Princípios de Direito do Trabalho na lei e na jurisprudência*. 2. ed. São Paulo: LTr, 1997, p. 75.

norma mais favorável ao empregado, já que o intérprete ou aplicador da lei não deve ter em vista o empregado considerado isoladamente, mas deve buscar a preservação do interesse coletivo".

> "Urge, ainda, mencionar que, sobrepondo-se ao interesse da coletividade, não poderá haver afronta ao interesse público. Assim, a norma mais favorável ao empregado, isoladamente considerado, não pode ser desfavorável para a sua categoria profissional[(35)]."

Há também o princípio da *condição mais benéfica*, que determina "a prevalência das condições mais vantajosas para o trabalhador, ajustadas no contrato de trabalho ou resultantes do regulamento de empresa, ainda que vigore ou sobrevenha norma jurídica imperativa, prescrevendo menor nível de proteção e que com esta não sejam elas incompatíveis"[(36)].

Para *Odonel Urbano Gonçales*, a regra da condição mais benéfica possui a sua base no direito adquirido, garantia insculpida no art. 5º, inciso XXXVI da Constituição Federal. Conforme o entendimento do autor, "a lei não pode tirar do trabalhador condições e benefícios já concedidos e adquiridos, exatamente por ser o trabalhador a parte hipossuficiente da relação de trabalho. Do contrário, o trabalhador não teria nenhuma segurança em sua vida quotidiana"[(37)].

Para *Plá Rodriguez*, além do princípio protetor, no qual se inserem as regras *in dubio pro operario*, da norma mais favorável e da condição mais benéfica, o Direito do Trabalho consagra os princípios da irrenunciabilidade, da continuidade da relação de emprego, da primazia da realidade, da razoabilidade e da boa-fé[(38)].

---

(35) LIMA, Francisco Meton Marques de. *Princípios de Direito do Trabalho na lei e na jurisprudência*. 2. ed. São Paulo: LTr, 1997, p. 33.

(36) SÜSSEKIND, Arnaldo; MARANHÃO, Délio; VIANNA, Segadas e TEIXEIRA FILHO, João de Lima. *Instituições de Direito do Trabalho*. 16. ed. São Paulo: LTr, 1997, p. 34.

(37) GONÇALES, Odonel Urbano. *Direito do trabalho para concursos*. São Paulo: Atlas, 2000, p. 42.

(38) RODRIGUEZ, Américo Plá. *Princípios de Direito do Trabalho*. Tradução portuguesa por Wagner D. Giglio. 3. ed. atual., São Paulo: LTr, 2000, p. 61.

O princípio da *irrenunciabilidade*, também conhecido como *indisponibilidade*, consiste na impossibilidade de o empregado dispor dos seus direitos trabalhistas.

*Pedreira da Silva* define com primor o princípio da irrenunciabilidade de direitos:

> "A indisponibilidade, ainda que relativa, a imperatividade e conseqüente inderrogabilidade das normas do Direito do Trabalho, todas praticamente de ordem pública e, pois cogentes, como, ainda, a presunção de vício de consentimento nos atos jurídicos do empregado, resultante da sua subordinação ao empregador, conjugam-se para produzir a conseqüência da irrenunciabilidade dos direitos do trabalhador como um dos princípios cardiais do mesmo Direito[(39)]."

Já o princípio da *continuidade da relação de emprego* preza pela continuidade do pacto laboral, com a permanência do trabalhador na estrutura empresarial, conferindo, conseqüentemente, algumas repercussões favoráveis ao obreiro.

Nos dizeres de *Mauricio Godinho Delgado*[(40)], primeiramente, a continuidade da relação empregatícia promove uma tendencial elevação dos direitos trabalhistas, seja pela lei, pela negociação coletiva ou pelo simples fato de o trabalho agregar vantagens e promoções durante o pacto laboral.

Uma segunda repercussão favorável seria a inclinação de o empregador investir na formação do trabalhador, com cursos educacionais e profissionais, o que, via contrária, favorece também o patrão que terá um empregado mais qualificado.

A terceira repercussão trata do aspecto social, ou seja, da afirmação e reconhecimento social do indivíduo perante sua família, comunidade.

---

(39) SILVA, Luiz de Pinho Pedreira da. *Principiologia do Direito do Trabalho*. 2. ed. São Paulo: LTr, 1999, p. 124.

(40) DELGADO, Mauricio Godinho. *Princípios de Direito Individual e Coletivo do Trabalho*. 2. ed. São Paulo: LTr, 2004, p. 69.

O princípio da *primazia da realidade* ou do *contrato realidade* estabelece que a relação objetiva, evidenciada pelos fatos, define a verdadeira relação jurídica estipulada pelos contratantes, ainda que sob capa simulada, não correspondente à realidade.

*Razoabilidade* consiste no princípio pelo qual "chega-se com mais facilidade às situações reais. Trata-se de um critério até certo ponto subjetivo, porém fundado em pontos objetivos". Leva o intérprete e aplicador da lei a "compreender os fatos muito além do que aos olhos aparecem, permitindo que escapem às montagens jurídicas e de provas com objetivo de desconstituir a realidade"[(41)].

O princípio da *boa-fé*, embora trate-se de um princípio geral de direito, tem ampla aplicação nas relações de trabalho, em virtude do intenso e permanente relacionamento entre o trabalhador e o empregador ou seus prepostos, assim como entre as partes envolvidas na negociação coletiva.

Na execução do contrato de trabalho, o desejável é que o empregado procure, de boa-fé, cumprir as obrigações pactuadas, visando ao melhor rendimento no trabalho, enquanto que o empregador deve cumprir, por si ou por seus prepostos, com lealdade e boa-fé, as obrigações que lhe cabem.

*Plá Rodriguez* distingue, adequadamente, a *boa-fé-crença*, que corresponde "à posição de quem ignora determinados fatos e pensa, portanto, que sua conduta é perfeitamente legítima e não causa prejuízos a ninguém", e a *boa-fé-lealdade*, que "se refere à conduta da pessoa que considera cumprir realmente o seu dever. Pressupõe uma posição de honestidade e honradez no comércio jurídico, porque contém implícita a plena consciência de não enganar, não prejudicar, nem causar danos"[(42)].

A Carta Magna de 1988 consagra, especificamente, no tocante ao Direito do Trabalho, alguns relevantes princípios:

---

(41) LIMA, Francisco Meton Marques de. *Princípios de Direito do Trabalho na lei e na jurisprudência*. 2. ed. São Paulo: LTr, 1997, p. 141.

(42) RODRIGUEZ, Américo Plá. *Princípios de Direito do Trabalho*. Tradução portuguesa por Wagner D. Giglio. 3. ed. atual., São Paulo: LTr, 2000, p. 425.

O princípio da *não-discriminação*, que proíbe diferença de critério de admissão, de exercícios de funções e de salário por motivo de sexo, idade, cor ou estado civil ou de critério de admissão e de salário em razão de deficiência física.

Também ordena a Constituição que se distinga, na aplicação das normas gerais, entre o trabalho manual, o técnico e o intelectual ou entre os respectivos profissionais. Este princípio, entretanto, deve ser aplicado tendo em conta que não fere a isonomia tratar desigualmente situações desiguais.

No plano justrabalhista específico, são também de importância ímpar os princípios da *integridade* e da *intangibilidade do salário*, que visam a proteger o empregado de descontos abusivos, assim como a preservar a sua impenhorabilidade e a assegurar-lhe posição privilegiada em caso de insolvência do empregador.

Trata-se o princípio da *irredutibilidade do salário*, já embutido na regra da inalterabilidade salarial decorrente do princípio protetor, daquele, segundo o qual o salário somente em casos especiais, explicitamente mencionados, pode ser afetado pelos instrumentos da negociação coletiva — é o caso da flexibilização sob tutela sindical.

## *4.5. PRINCÍPIOS DO DIREITO COLETIVO DO TRABALHO*

No tocante aos princípios específicos do Direito Coletivo do Trabalho, enfoque principal do presente estudo, estes são construídos tendo como base central a noção de *ser coletivo*[43], presente em qualquer um dos pólos da relação jurídica. Diferentemente do estudado até o momento, em que o empregado era considerado individualmente.

Não obstante exista certa divisão entre Direito Individual e Direito Coletivo do Trabalho, vale ressaltar que ambos fazem

---

[43] DELGADO, Mauricio Godinho. *Princípios de Direito Individual e Coletivo do Trabalho*. 2. ed. São Paulo: LTr, 2004, p. 132.

parte de um único Direito do Trabalho, sendo certo que os princípios até aqui estudados se mesclam e se interpenetram, não se podendo dizer que na suas altas destinações tenham vida isolada ou divorciada.

Ao revés, caminham juntos numa direção única, que são os contratos individuais de trabalho.

Os princípios do universo individual alimentam os princípios do universo coletivo, ambos haurem-se da seiva comum — o trabalho humano —, ambos comunicam-se e interligam-se interna e externamente na meta maior de se encontrar uma harmonia entre o capital e o trabalho, preocupados com a dignidade da pessoa humana.

É importante lembrar que o Direito Coletivo do Trabalho não se realiza em si próprio. Sua principal virtude reside exatamente no fato de que aos entes coletivos é atribuída a faculdade de elaboração de normas jurídicas. São as próprias partes participando diretamente da construção do Direito, levando em consideração o que é melhor para elas. Quem melhor conhece a realidade de uma determinada parcela da atividade econômica, bem como da respectiva categoria profissional são os seus atores sociais, isto é, são aquelas pessoas envolvidas diretamente naquele processo produtivo — empregadores e empregados.

De conseguinte, ninguém melhor para resolver as suas controvérsias do que as partes nelas envolvidas.

No entanto, como salientado, ao exercerem a sua atividade típica — elaboração de normas jurídicas visando à melhoria das condições de trabalho e da produtividade —, os seres coletivos, principalmente o sindicato representativo de determinada categoria profissional, não encontra em si próprio a realização do direito construído.

Por outras palavras, as cláusulas instituídas em determinado acordo coletivo de trabalho e em determinada convenção coletiva de trabalho possuem natureza normativa, sendo exceção as de natureza obrigacional, destinadas, portanto, às próprias entidades sindicais.

Com isso, vê-se nitidamente que o Direito Coletivo só tem sentido numa perspectiva de atuação sobre o Direito Individual do Trabalho: numa certa medida, a sua realização se dá fora de si e no âmbito dos diversos contratos de trabalho abrangidos pela norma jurídica instituída pelos seres coletivos titulares desta prerrogativa de construção do Direito.

Assim, não há como se implementar uma pesquisa sobre os princípios de Direito do Trabalho sem que se atente para a sua natureza dual, que envolve valores individuais e coletivos unos e coesos.

A fragmentação de objetivos importaria em enfraquecimento de uma das mais importantes e efetivas formas de consolidação de normas protetivas e valorizadoras do trabalho do homem na sociedade contemporânea.

E é exatamente nesta união harmoniosa dos princípios de Direito Individual e de Direito Coletivo do Trabalho que, em momento oportuno, examinarei toda a exuberância da moderna teoria em torno do princípio da *adequação setorial negociada*, que nasce no Direito Coletivo, mas que, em última análise, se complementa e se realiza no Direito Individual do Trabalho.

*Plá Rodriguez* diz que "o caráter individual ou coletivo constituem meras modalidades que não afetam a essência do fenômeno. Por isso, os princípios expostos tanto se aplicam em um como em outro âmbito"(44).

*Delgado* enumera três grandes grupos de princípios de Direito Coletivo: "princípios assecuratórios das condições de emergência e afirmação da figura do ser coletivo obreiro; princípios que tratam das relações entre os seres coletivos obreiros e empresariais, no contexto da negociação coletiva; princípios que tratam das relações e efeitos perante o universo e comunidade jurídicas das normas produzidas pelos contratantes coletivos"(45).

---

(44) RODRIGUEZ, Américo Plá. *Princípios de Direito do Trabalho*. Tradução portuguesa por Wagner D. Giglio. 3. ed. atual., São Paulo: LTr, 2000, p. 67.

(45) DELGADO, Mauricio Godinho. *Princípios de Direito Individual e Coletivo do Trabalho*. 2. ed. São Paulo: LTr, 2004, p. 135.

Dentre os princípios assecuratórios da existência do ser coletivo, primeiramente, aparece o princípio da *liberdade associativa e sindical.*

Quanto à *liberdade de associação*, assegura este preceito que seja qual for a iniciativa de agregação estável, pacífica e lícita, independente dos temas ensejadores da união, será atribuída conseqüência jurídico-institucional[46].

A própria Constituição Federal prevê em seu art. 5º, incisos XVI e XVII, permissão para reunião pacífica, exigindo, tão-somente, o aviso prévio das autoridades, quando em locais abertos e que os fins sejam lícitos.

Por um outro prisma, o princípio em apreço pode ser entendido como liberdade sindical[47], pela qual os sindicatos são de livre criação e auto-extinção. Sem falar na liberdade dos indivíduos de se filiarem e desfiliarem dos quadros dos sindicatos, obedecendo ao comando constitucional (art. 5º, XX, CR/88).

*Jean-Claude Javillier*, jurista francês expõe sobre a liberdade sindical:

> "Ela constitui um elemento indispensável de todo o sistema de relações profissionais entre empregadores e empregados, e também de toda democracia política. Seu estudo deve então ser minucioso e seus diferentes elementos — individual (aderir) e coletivo (se agrupar); positivo (ser membro) e negativo (não ser membro) — refletem longamente seus fins de ser articulada da maneira mais pertinente[48]."

[46] DELGADO, Mauricio Godinho. *Princípios de Direito Individual e Coletivo do Trabalho*. 2. ed. São Paulo: LTr, 2004, p. 137.

[47] DELGADO, Mauricio Godinho. *Princípios de Direito Individual e Coletivo do Trabalho*. 2. ed. São Paulo: LTr, 2004, p. 138.

[48] JAVILLIER, Jean-Claude. *Manuel Droit du Travail*. 5. ed. Paris: LGDJ, 1996, p. 383. *"Elle constitue un élément indispensable de tout système de relations professionnelles entre employeurs et salariés, et aussi de toute démocratie politique. Son étude doit donc être minutieuse et ses différents éléments — individuel (adhérer) et collectif (se regrouper); positif (être membre) et négatif (ne pás en être) — longuement réfléchis aux fins d'être articules de la façon la plus pertinente."*

Desta feita, tornam-se importantes as ações e os mecanismos de proteção contra atos anti-sindicais, buscando conferir legitimidade ao processo de negociação coletiva, perpetrando a liberdade sindical.

*Oscar Ermida Uriarte* define que as medidas de proteção podem ser preventivas, reparatórias e complementares. As primeiras procuram evitar a própria eclosão do ato ou seus efeitos por medidas que buscam analisá-lo previamente, a fim de que seja licitamente produzido. As medidas reparatórias visam suspender o ato presumidamente anti-sindical. E as complementares constituem-se em sanções morais, visando efeitos dissuasivos para desestimular a repetição dos atos irregulares[49].

O segundo princípio assecuratório da existência do ser coletivo obreiro é o da *autonomia sindical*, pelo qual garante-se a "autogestão às organizações associativas e sindicais dos trabalhadores, sem interferências empresariais ou do Estado"[50].

O princípio da autonomia sindical é de grande importância, principalmente pelo percurso histórico do sindicalismo no Brasil, que em seu nascedouro encontrava-se fortemente atrelado e controlado pelo Estado. Assim, essa diretriz representa um grito de liberdade das associações sindicais obreiras e, como tal, deve ser privilegiado e desenvolvido.

Partindo para o segundo grupo de princípios, regentes das relações entre os seres coletivos, proposto por Delgado, apresenta-se, primeiramente, o princípio da *interveniência sindical na normatização coletiva*.

Exige este princípio a necessária participação do ser coletivo obreiro — sindicato — no processo de negociação coletiva. Esta imposição visa a igualdade formal entre os seres contratantes, tendo em vista que o empregador tem a essência de ser coletivo, ao passo que os trabalhadores necessitam da representação do sindicato.

---

(49) URIARTE, Oscar Ermida. Apud SILVA, Otávio e Pinto. *A contratação coletiva como fonte do Direito do Trabalho*. São Paulo: LTr, 1998, p. 101-103.

(50) DELGADO, Maurício Godinho. *Princípios de Direito Individual e Coletivo do Trabalho*. 2. ed. São Paulo: LTr, 2004, p. 143.

Neste quadro, *Delgado* esclarece que "qualquer ajuste feito informalmente entre empregador e empregado terá caráter de mera cláusula contratual, sem o condão de instituir norma jurídica coletiva negociada. Nesta qualidade, qualquer ajuste informal submete-se a todas as restrições postas pelo justrabalhista às alterações do contrato de trabalho, inclusive o rigoroso Princípio da Inalterabilidade Contratual Lesiva"(51).

O princípio da *equivalência dos contratantes coletivos* também encontra-se no grupo dos princípios regentes das relações entre os seres coletivos e propugna pelo "reconhecimento de um estatuto sócio-jurídico semelhante a ambos os contratantes coletivos (o obreiro e o empresarial)"(52).

A presente diretriz atua como um desdobramento da anterior, buscando essencialmente que os dois seres coletivos em negociação usufruam dos mesmos mecanismos de atuação e pressão.

O terceiro princípio que rege a relação entre os seres coletivos é conhecido por *lealdade e transparência na negociação coletiva*.

Segundo *Otávio Pinto e Silva*, por este princípio, "toda negociação coletiva deve partir de um pressuposto básico: o de que as partes se comprometem a negociar de boa-fé e a proceder com lealdade em todos os seus entendimentos, assim como na execução do que vier a ser acordado"(53).

Por fim, emerge o terceiro grupo de princípios que rege as relações entre as normas coletivas negociadas e normas estatais. Trata-se do princípio da *criatividade jurídica da negociação coletiva* e do princípio da *adequação setorial negociada*, que florescem no horizonte justrabalhista como um grande avanço das relações entre o capital e o trabalho, mas que precisam ser melhor estudados e refletidos para que não se constituam em instrumentos contrários aos interesses da classe trabalhadora.

---

(51) DELGADO, Mauricio Godinho. *Princípios de Direito Individual e Coletivo do Trabalho*. 2. ed. São Paulo: LTr, 2004, p. 146-147.

(52) DELGADO, Mauricio Godinho. *Princípios de Direito Individual e Coletivo do Trabalho*. 2. ed. São Paulo: LTr, 2004, p. 147.

(53) SILVA, Otávio Pinto e. *A contratação coletiva como fonte do Direito do Trabalho*. São Paulo: LTr, 1998, p. 101-105.

Pelo princípio da *criatividade jurídica da negociação coletiva* resplandece a autonomia coletiva e seu poder de elaborar verdadeiras normas jurídicas.

*Delgado* enfatiza que este princípio consubstancia a própria justificativa do Direito Coletivo do Trabalho. "A criação de normas jurídicas pelos atores coletivos componentes de uma dada comunidade econômico-profissional realiza o princípio democrático de descentralização política e de avanço da autogestão social pelas comunidades localizadas"[(54)].

Finalmente, como ponto nevrálgico, apresenta-se o princípio da *adequação setorial negociada*, que trata das possibilidades e dos limites impostos ao desenrolar da negociação coletiva.

---

[(54)] DELGADO, Mauricio Godinho. *Princípios de Direito Individual e Coletivo do Trabalho*. 2. ed. São Paulo: LTr, 2004, p. 152.

# 5. Princípio da Adequação Setorial Negociada

Os princípios, pelo que foi sublinhado ao longo de inúmeras passagens, são fundamentais para o Direito, quer inseridos no sistema quer na órbita de cada ramo específico e autônomo.

Aliás, a doutrina costuma apontar como verdadeira *conditio sine qua non* para a autonomia de qualquer ramo jurídico a construção de determinados princípios específicos, que permitam o tratamento diferenciado por parte dos operadores do Direito.

No Direito do Trabalho, os princípios estabelecem as diretrizes básicas, como se fossem *estrelas guias*, aptas a conduzirem o intérprete, como regras de otimização, trazendo a lume as características principais desse ramo da Ciência Jurídica, dando-lhe, por isso mesmo, a marca especial que tanto o diferencia no plano geral do universo jurídico.

## 5.1. SURGIMENTO DO PRINCÍPIO

O princípio da *adequação setorial negociada* é aquele que procura estabelecer uma disciplina própria para as cláusulas normativas, impondo certas regras às condições negociadas coletivamente, fixando as barreiras e as possibilidades da transação realizada pelos entes coletivos.

Além disso, este princípio busca estabelecer critérios de pacífica coexistência entre as normas produzidas pelo Estado — normas heterônomas — e as normas surgidas da negociação coletiva por meio dos seus sujeitos coletivos contratantes — normas autônomas, servindo, outrossim, de fundamento de validade para utilização da teoria do conglobamento.

Nesse aspecto, insta salientar que um princípio possui maior importância do que determinada teoria, por mais coerente e bem articulada que seja esta, de modo que o veio principal é traçado pelo princípio, que pode de uma maneira ou de outra e em certa medida ser contornado pelos estudos acerca daquela teoria, na busca incessante de uma harmoniosa convivência.

Com o advento da Constituição da República de 1988, criaram-se as bases, realmente, mais sólidas para a produção de normas jurídicas, via negociação coletiva, como meio de democratizar o Direito do Trabalho e deslocar a solução do conflito entre o capital e o trabalho para um âmbito mais próximo dos seus principais atores.

Desta feita, trata-se a *adequação setorial negociada* de princípio justrabalhista relativamente novo, uma vez que os fatores articuladores de sua estrutura surgiram com o advento da CR/88, que procurou estabelecer uma maior valorização para a negociação coletiva, a partir da observação, pelo menos teórica, de que, ao ser representado pelo seu sindicato, a categoria profissional estaria em condições técnicas e econômicas próximas às do sindicato profissional correspondente ou mesmo de determinada empresa, que, ainda que atuando individualmente, deve ser considerada um ser coletivo.

A primeira referência sobre o princípio da *adequação setorial negociada* foi realizada pelo Professor *Mauricio Godinho Delgado*, em artigo publicado no Jornal Trabalhista, intitulado "Princípios do Direito do Trabalho"(1), posteriormente incorporado em livro(2).

---

(1) DELGADO, Mauricio Godinho. "Princípios do Direito do Trabalho". *Jornal Trabalhista*, Brasília: Centro de Assessoria Trabalhista, ano XI, n. 535, 12.12.1994, p. 1.202-1.208.

(2) O princípio da adequação setorial negociada foi estudado pela primeira vez em artigo intitulado: "Princípios do Direito do Trabalho". Consultar: *Jornal Trabalhista*, Brasília: Centro de Assessoria Trabalhista, ano XI, n. 535, 12.12.1994, p. 1.202-1.208.

Com o referido princípio busca-se a realização do caráter tuitivo do Direito do Trabalho — salvaguarda dos direitos trabalhistas e de proteção da parte hipossuficiente da relação de emprego —, bem como procura-se demonstrar uma sistematização do critério geral interpretativo[3] a ser aplicado nas práticas dos tribunais brasileiros, quando diante das controvérsias das relações entre normas trabalhistas negociadas e a normatividade heterônoma do Estado.

## 5.2. *CARACTERÍSTICAS E IMPORTÂNCIA DA NEGOCIAÇÃO COLETIVA*

Para entender a função do princípio em apreço, deve-se previamente atentar para as características e importância da negociação coletiva que, conforme exposto nos capítulos anteriores, configura verdadeira conquista dos trabalhadores, viabilizando o diálogo direto entre estes e seus empregadores, com o intuito de resolver os problemas inerentes à relação que os une.

A negociação coletiva consiste no poder de auto-regulamentação conferido aos entes coletivos — sindicato obreiro e empresa ou sindicato patronal — para, por meio de concessões recíprocas, elaborarem cláusulas aplicáveis às relações individuais de trabalho das categorias envolvidas na transação.

Para ser válida e, portanto, produzir seus regulares efeitos, por intermédio da Convenção Coletiva de Trabalho ou do Acordo Coletivo de Trabalho, a negociação coletiva, dentre outros princípios[4], deve respeitar os parâmetros propugnados pelo princípio da *adequação setorial negociada*, justamente, para se afinar ao intuito tutelar do Direito do Trabalho.

Como se sabe, o pressuposto básico da negociação coletiva é a existência dos seres coletivos, ou seja, em ambos pólos da relação jurídica a ser formada devem existir sujeitos coletivos.

---

(3) DELGADO, Mauricio Godinho. *Princípios de Direito Individual e Coletivo do Trabalho*. 2. ed. São Paulo: LTr, 2004. p. 153.

(4) VIANNA, Segadas; TEIXEIRA FILHO, Lima e RUPRECHT, Alfredo citam quatro princípios: boa-fé, informação, razoabilidade e paz social.

A empresa, como já mencionado, é naturalmente considerada um ser coletivo.

Mas, por outro lado, o trabalhador isoladamente não possui natureza coletiva, por isso deve sempre estar representado pelo sindicato de sua categoria profissional.

Para tanto, os trabalhadores devem ser organizados em sindicatos, que lhes represente e defenda os seus interesses, funcionando como parte legítima, que irá apresentar as reivindicações, negociar e, se for o caso, transacionar, estabelecendo regras a serem aplicadas no âmbito dos respectivos contratos individuais de trabalho.

Apesar de não se exigir a aglutinação das empresas em sindicatos, inúmeros segmentos econômicos organizam-se em sindicatos, e é neste fato que reside a diferença entre Convenções Coletivas e Acordos Coletivos de Trabalho. Nos primeiros, o ser coletivo aparece representado pela entidade sindical patronal, ao passo que no Acordo Coletivo a empresa negocia diretamente, sem a presença de seu sindicato.

De fato, esta é a diferenciação realizada pela Consolidação das Leis Trabalhistas — CLT, pelo art. 611 e § 1º:

> Art. 611. Convenção Coletiva de Trabalho é o acordo de caráter normativo pelo qual dois ou mais sindicatos representativos de categorias econômicas e profissionais estipulam condições de trabalho aplicáveis, no âmbito das respectivas representações, às relações individuais de trabalho.
>
> § 1º É Facultado aos sindicatos representativos de categorias profissionais celebrar Acordos Coletivos com uma ou mais empresas da correspondente categoria econômica, que estipulem condições de trabalho, aplicáveis no âmbito da empresa ou das empresas acordantes às respectivas relações de trabalho.

Outro ponto diferenciador entre Convenção Coletiva e Acordo Coletivo é o âmbito de abrangência. Em relação àquela, as normas produzidas coletivamente incidirão em universo mais amplo[5], caracterizado pela base profissional e econômica representada pelos respectivos sindicatos, enquanto este vincula tão-somente a empresa ou conjunto de empresas que participou desgarrada e isoladamente do acordo.

Cumprida aquela exigência relacionada com a representatividade e com a legitimidade, à negociação coletiva são conferidos os atributos da democracia e da igualdade, tendo em vista a equivalência dos seres contratantes, o que "permite ao sindicato estipular condições de trabalho mais vantajosas do que as que os trabalhadores poderiam obter isoladamente"[6].

Para *Ruprecht* o desenvolvimento da negociação coletiva possibilitou a democratização das relações de trabalho, tendo em vista que a classe trabalhadora achava-se submetida ao poder do capitalismo:

> "A negociação coletiva democratizou o procedimento das relações de trabalho. Com a conversação entre as partes evita-se que os empresários tomem decisões sozinhos, sem se interessar pela situação dos trabalhadores. Isso contribui, evidentemente para a paz social. Portanto, a negociação coletiva, em sentido amplo, permite ao trabalhador participar em todos os níveis de decisão da empresa, participar não só da fixação dos salários, condições de trabalho similares, mas também da gestão e direção da empresa. É claro que essa participação assume formas muito diversas e variáveis segundo os países[7]."

Uma das principais razões de ser da negociação coletiva e, via de conseqüência, sua mais sublime importância é a correção dos principais desconfortos do contrato individual de trabalho que há muito se desconfigurou, tornando-se verda-

---

(5) DELGADO, Mauricio Godinho. *Curso de Direito do Trabalho*. 2. ed. São Paulo: LTr, 2003, p. 1.370-1.371.

(6) GOMES, Orlando. *A convenção coletiva de trabalho*. São Paulo: LTr, 1995, p. 42.

(7) RUPRECHT, Alfredo. *Relações coletivas de trabalho*. São Paulo: LTr, 1995, p. 269.

deiro contrato de adesão. Pela negociação, a bilateralidade no vínculo de trabalho é retomada e serve como "golpe na absurda supremacia patronal"[8].

*Ruprecht* explica o objetivo da negociação coletiva e o papel que esta adquire dentro do ordenamento jurídico:

> "Seu objetivo é fazer que as partes, de comum acordo, tomem decisões que solucionem algum problema ou estabeleçam condições de trabalho como salários, jornada de trabalho, dispensas, etc. Nesse sentido, essas decisões são complementares da legislação e em muitas ocasiões servem de base para futuras normas legais. De acordo com o alcance que lhes é atribuído, essas decisões acabam se transformando também em verdadeiras leis regulamentares e até normativas[9]."

No tocante à relevância da negociação coletiva, a história de conquistas e o desenvolvimento do Direito do Trabalho são elementos aptos a demonstrarem a importância das Convenções e Acordos coletivamente negociados.

Há quem defenda a verdadeira vocação coletivista[10] do Direito do Trabalho, justamente pelo desenrolar de sua história, por meio dos movimentos coletivistas, embates de rua, movimentos paredistas.

*Plá Rodriguez* explica como desvelou-se esta conquista:

> "A união dos trabalhadores se situa no início do fenômeno trabalhista e constitui a resposta natural à injustiça e à exploração dos empresários. A princípio, a união dos trabalhadores atraiu a atenção pública para o fenômeno laboral. Dessa atenção para o fenômeno laboral derivou a legislação do trabalho. Essa legislação foi reconhecendo

---

(8) GOMES, Orlando. *A convenção coletiva de trabalho*. São Paulo: LTr, 1995, p. 46.

(9) RUPRECHT, Alfredo. *Relações coletivas de trabalho*. São Paulo: LTr, 1995, p. 263.

(10) LIMA, Francisco Meton Marques de. *Os princípios do Direito do Trabalho na lei e na jurisprudência*. 2. ed. rev. e ampl. São Paulo: LTr, 1997, p. 50.

a realidade social e sindical, o que significou suprimir entraves à união e, num segundo momento, criar estímulos para a união dos trabalhadores. Na medida em que se formaram associações profissionais, surgiu uma nova forma de criação do Direito do Trabalho: a de origem profissional e extra-estatal, que teve nas convenções coletivas sua expressão máxima[(11)]."

O processo de desenvolvimento do Direito do Trabalho demonstra, então, que a *primeira marcha* foi engatada quando os trabalhadores perceberam a força da união e a importância de organização e reivindicações. Já as conseqüências desaguaram na criação de um Direito do Trabalho que, pelo menos em tese, protege a parte hipossuficiente da relação e reequilibra as forças do trabalho e do capital.

Para *Otávio Pinto* e *Silva* esta é a importância da negociação coletiva:

> "A Empresa é um ambiente potencialmente conflituoso, na medida em que os interesses ali presentes são diversos. A disputa entre capital e trabalho é um dado inerente ao conceito de empresa, o que torna de extrema importância a utilização da negociação coletiva como uma técnica que permita resolver os conflitos, garantindo ao mesmo tempo tanto a paz social quanto a ordenada busca dos fins produtivos da organização empresarial[(12)]."

Neste atual contexto de crescente informalização do trabalho e desregulamentação do emprego, relevante é o papel da união coletiva e da busca de soluções negociadas, discutidas o mais próximo possível do seio de seu surgimento, isto é, o ambiente de trabalho. De fato, quando organizados em sindicatos, os trabalhadores têm a possibilidade de angariar importantes vantagens pela negociação coletiva.

---

(11) RODRIGUEZ, Américo Plá. *Princípios de Direito do Trabalho*. Tradução portuguesa por Wagner D. Giglio. 3. ed. atual., São Paulo: LTr, 2000, p. 66.

(12) SILVA, Otávio Pinto e. *A contratação coletiva como fonte do Direito do Trabalho*. São Paulo: LTr, 1998, p. 32.

Para *Orlando Gomes*, ao regulamentar as condições de trabalho, o diploma normativo apresenta dupla vantagem:

> "Evita a legislação oficial, que teria de ser excessivamente profusa nas atuais condições da organização do trabalho e serve como precursora da lei, indicando ao Estado normas que o constante uso há de transformar, inelutavelmente, em leis oficiais[(13)]."

Com referência ao próprio desvelar do Direito do Trabalho, a partir de lutas e reivindicações, a importância da negociação coletiva pode ser observada em outros ordenamentos jurídicos pelo mundo. Na França, por exemplo, é considerada como um dos elementos centrais da dinâmica do Direito do Trabalho.

Senão, vejamos:

> "A negociação coletiva é um dos elementos centrais da dinâmica do Direito do Trabalho e do sistema de relações profissionais. Empregadores e trabalhadores, representados por seus sindicatos, elaboram as normas destinadas a reger suas relações. É a autonomia normativa dos parceiros sociais, sem a qual a dinâmica do Direito do Trabalho não existiria[(14)]."

*Russomano*[(15)] cita uma frase de *Georges Scelle* proferida na Faculdade de Direito de Paris, deixando clara a importância contemporânea da negociação coletiva naquele país, quando se refere aos três grandes ciclos do Direito do Trabalho: "Ontem, a lei arbitrária do patrão; hoje, a lei protecionista do Estado; amanhã, a lei voluntariamente escolhida pelas próprias partes".

---

(13) GOMES, Orlando. *A convenção coletiva de trabalho*. São Paulo: LTr, 1995, p. 47.

(14) JAVILLIER, Jean-Claude. *Manuel Droit du Travail*. 5. ed. Paris: LGDJ, 1996, p. 555. "La négociation collective est l'un dês éléments centraux de la dynamique du droit du travail et du système de relations professionnelles. Employeurs et travailleurs, representes par leurs syndicats, élaborent dês normes destinées à régir leurs rapports. C'est l'*autonomie normative dês partenaires sociaux*, sans laquelle il n´est de dynamique de droit du travail."

(15) RUSSOMANO, Mozart Victor. *Direito Sindical, Princípios Gerais*. Rio de Janeiro: José Konfino Editor, 1975, p. 173.

Enfim, foi por meio da negociação coletiva, portanto, que, pela primeira vez, se permitiu aos trabalhadores "influir, real e positivamente, na determinação das condições de trabalho, fato que avaliza o valor e a importância da instituição"[16].

## 5.3. *NORMAS AUTÔNOMAS E NORMAS HETERÔNOMAS — O NEGOCIADO × O LEGISLADO*

Demonstrada a relevância da negociação coletiva, por meio de seus instrumentos — Convenção e Acordo — pode parecer simples a dinâmica de sua atuação.

Exteriormente, os seres coletivos reúnem-se, discutem, rediscutem, definem, estabelecem compromissos e, finalmente, escrevem as normas a serem aplicadas nos âmbitos dos respectivos contratos individuais de trabalho.

Não obstante a negociação coletiva consista em reafirmação da união dos empregados e o mecanismo de exercício da autonomia privada, com a criação de normas, estas não são as únicas existentes no ordenamento jurídico e, portanto, devem relacionar-se em harmonia com as normas estatais.

E esse confronto axiológico se dá interiormente, isto é, no estuário comutativo dos contratos individuais de trabalho, em que elas realizam-se concretamente em seus valores abstratamente imaginados pelos seres coletivos contraentes.

As normas de origem estatal e as de origem negociada foram respectivamente cunhadas por *Hans Kelsen* de heterônomas e autônomas.

As normas heterônomas são aquelas produzidas pelo Estado, no exercício do seu poder legiferante, com o atributo da imperatividade. Estas normas são gerais, abstratas, cogentes. Do seu processo de elaboração não participam diretamente os seus destinatários, os quais se limitam a cumpri-las.

---

[16] GOMES, Orlando. *A convenção coletiva de trabalho*. São Paulo: LTr, 1995, p. 31.

Por outro lado, as normas autônomas são aquelas obtidas como fruto da negociação coletiva. Têm conteúdo de norma, tal como a força cogente, no entanto, diferenciam-se das normas estatais quanto à forma, posto terem estrutura de cláusulas obrigacionais.

Além disso, ao serem elaboradas, contam com a participação direta dos seus destinatários.

Nesta relação, a miscigenação entre as normas estatais e as normas negociadas é dilema que permeia as questões doutrinárias e aguça os estudiosos acerca da correlação entre o *negociado e o legislado.*

> "Há quem afirme, de um lado, que a norma autônoma, como máxima expressão da liberdade de negociação entre os agentes sociais (negociado), deve prevalecer sobre as normas estatais heterônomas. De outro lado, posicionam-se aqueles que, temendo a supressão das garantias conferidas pela lei aos trabalhadores, advogam a prevalência do legislado[(17)]."

O confronto existe por encontrarem-se, de um lado, a Constituição Federal, a Consolidação das Leis do Trabalho e a legislação esparsa, além das sentenças normativas prolatadas pelos tribunais trabalhistas em sede de dissídio coletivo, e, de outro, as normas resultantes dos Acordos e Convenções coletivos.

*Norberto Bobbio*[(18)] denomina de pluralismo jurídico esta incidência de ordenamentos distintos atuando sobre o Direito do Trabalho.

*Orlando Gomes*, citando *Gaston Morin*, acredita que o fortalecimento da negociação coletiva prenuncia a derrocada do impé-

---

(17) MADUREIRA, Cláudio Penedo. "Negociado x legislado". *Jus Navigandi*, Teresina, a. 8, n. 381, 23 jul. 2004. Disponível em: <http://jus2.uol.com.br/doutrina/texto.asp?id=5473>. Acesso em: 8 nov. 2005.

(18) NETO, José Francisco Siqueira. *Liberdade sindical e representação dos trabalhadores nos locais de trabalho.* São Paulo: LTr, 1999, p. 63.

rio da norma estatal, afirmando que um dos sinais mais positivos dessa decadência[19] da soberania da lei é o visível prestígio que está adquirindo a negociação coletiva.

Para autores como *Plá Rodriguez, De La Cueva* e *Amauri Mascaro do Nascimento*, o princípio da *norma mais favorável* é um critério adequado para solução da controvérsia.

*Plá Rodriguez*, citando *Amauri Mascaro do Nascimento*, enuncia que "o vértice da pirâmide hierárquica das normas trabalhistas será ocupado pela norma mais favorável ao trabalhador dentre as diferentes normas em vigor". Ao invocar *De La Cueva*, explica que a lei é o ponto de partida, é o mínimo que não se poderá diminuir, cabendo às demais fontes formais o papel de "criar o direito que há de ser aplicado e não simplesmente preencher lacunas"[20].

Neste terreno fértil, colhe-se a brilhante conclusão de *Ricardo Machado Filho*, para quem:

> "O confronto entre o negociado e o legislado deve ser travado não para relativizar direitos, mas para concretizá-los. Daí porque o desfecho daquele conflito não pode significar o fim da CLT. Se deve haver necessariamente um vencedor, que sejam os direitos trabalhistas, quer os previstos na lei, quer os resultantes da negociação coletiva[21]."

De qualquer forma, as controvérsias continuam. Algumas teorias são lançadas com o intuito de resolvê-las, tais como da acumulação e do conglobamento, que, como veremos, também apresentam problemas.

---

[19] GOMES, Orlando. *A convenção coletiva de trabalho*. São Paulo: LTr, 1995, p. 36.

[20] RODRIGUEZ, Américo Plá. *Princípios de Direito do Trabalho*. Tradução de Wagner D. Giglio. 3. ed. atual. São Paulo: LTr, 2000, p. 124.

[21] LOURENÇO FILHO, Ricardo Machado. *Negociado × Legislado. Fim da CLT?* Disponível em: http://www.tribunadobrasil.com.br/?ned=1608 ntc=14126 sc=43. Acesso em: 10 mai. 2006.

## 5.4. *TEORIA DO CONGLOBAMENTO E TEORIA DA ACUMULAÇÃO*

As regras acerca da hierarquização normativa do Direito Civil são rígidas e, como tais, não abrem espaço a controvérsias e discussões tão acirradas acerca da prevalência desta ou daquela norma. Na concepção civilista basta recorrer à transparente relação piramidal, pela qual o fundamento de validade da norma inferior está na norma superior.

Na seara trabalhista, estas questões apresentam-se mais complexas e exigem maior dedicação dos aplicadores do Direito. Como visto, o Direito do Trabalho é um ramo caracteristicamente tuitivo e, desta forma, conta fundamentalmente com os princípios da *norma mais favorável* e da *proteção*.

As questões a serem enfrentadas e que se encontram no âmago da discussão são, portanto, as que tangem à definição da norma mais favorável, bem como àquela que ofereça maior proteção ao trabalhador, no contexto das relações jurídicas laborais.

Duas principais teorias são consagradas com o intuito de explicar o melhor critério de determinação da norma mais favorável — teoria da acumulação e teoria do conglobamento.

Pela teoria da acumulação, diante do embate entre dois diplomas normativos, deve haver "o fracionamento do conteúdo dos textos normativos, retirando-se os preceitos e institutos singulares de cada um que se destaquem por seu sentido mais favorável ao trabalhador"[(22)].

A teoria sustenta que podem ser extraídas de cada *diploma* as disposições mais favoráveis, somando as vantagens de cada uma delas, ainda que tenham natureza diversa.

*Deveali*, citado por *Plá Rodriguez*, a denomina teoria atomista[(23)].

---

(22) DELGADO, Mauricio Godinho. *Curso de Direito do Trabalho*. 2. ed. São Paulo: LTr, 2003, p. 180.

(23) RODRIGUEZ, Américo Plá. *Princípios de Direito do Trabalho*. Tradução de Wagner D. Giglio. 3. ed. atual. São Paulo: LTr, 2000, p. 128.

A teoria da acumulação encontra críticas ásperas, tendo em vista seu possível atecnicismo e sua tendência à ruptura com a idéia de sistema. De fato, ela propicia um "saldo normativo fortemente favorável ao trabalhador". Mas rompe com a idéia de sistema, de universalidade e democracia do Direito, pois em cada caso de aplicação da teoria "os resultados jurídicos seriam casuísticos e incomunicáveis"[(24)].

*Barassi* alerta para o perigo da utilização irrestrita da teoria da acumulação, ao afirmar que ela funciona "como se fosse uma abelha escolhendo uma flor entre as flores"[(25)].

No caso da convenção coletiva especificamente, para *Greco*, a utilização da teoria da acumulação "rompe a unidade de disciplina sindical da relação de trabalho e viola a harmonia, o equilíbrio e a vinculação orgânica entre as diferentes condições estabelecidas na convenção"[(26)].

Pela teoria do conglobamento, denominada de incindibilidade ou do conjunto, considera-se o caráter unitário de cada regime, realizando o procedimento comparativo entre os conjuntos normativos em sua totalidade, "considerando o mesmo universo temático"[(27)], excluindo a possibilidade de aplicar simultaneamente as normas mais favoráveis de um conjunto normativo e de outros, desconsiderando o referido caráter unitário.

Trata-se da teoria mais prestigiada e festejada atualmente pela doutrina. Seus defensores e aplicadores a consideram adequada por atender à sistematicidade do ordenamento jurídico, não produzir resultados casuísticos e, ainda assim, atender aos princípios da *norma mais favorável* e da *proteção*.

---

(24) DELGADO, Mauricio Godinho. *Curso de Direito do Trabalho*. 2. ed. São Paulo: LTr, 2003, p. 181.

(25) BARASSI apud LIMA, Francisco Meton Marques de. *Os princípios do Direito do Trabalho na lei e na jurisprudência*. 2. ed. rev. e ampl. São Paulo: LTr, 1997, p. 77.

(26) PAOLO GRECO apud RODRIGUEZ, Américo Plá. *Princípios de Direito do Trabalho*. Tradução de Wagner D. Giglio. 3. ed. atual. São Paulo: LTr, 2000, p. 129.

(27) DELGADO, Mauricio Godinho. *Curso de Direito do Trabalho*. 2. ed. São Paulo: LTr, 2003, p. 181.

No que se refere à aplicação da teoria à negociação coletiva, *Plá Rodriguez*, assevera:

> "Dada a diversidade de conceitos que pode conter a expressão *cláusula*, assim como a forma muito diferente de distribuir uma negociação em cláusulas e a função bastante variada que cada uma delas pode cumprir, parece mais racional e lógico estabelecer a comparação entre os institutos, que pressupõem necessariamente uma unidade conceitual e orgânica[(28)]."

Não há dúvidas de que a teoria da acumulação é de difícil aplicação, pois gera antinomias jurídicas e carece de certo tecnicismo.

Mas muito embora a teoria do conglobamento seja um critério que prima pela sistematicidade e resolva bem o embate entre conjuntos normativos, um relevante questionamento emerge e precisa ser levado em consideração.

Indaga-se: a adoção da teoria do conglobamento acarreta o risco de que haja uma cega aceitação e validade das normas eventualmente prejudiciais ao empregado?

Com outras palavras e não mais em tom de indagação, mas de afirmativa e com o propósito de tornar mais compreensivo meu ponto de vista, não creio que, no confronto entre um diploma negociado coletivamente e uma norma estatal, se possa dar incontinente prevalência ao diploma coletivo sem se analisar a validade da elaboração e do conteúdo de cada uma de suas cláusulas, sob pena de se chancelar a renúncia de direitos ou ainda à transação de direitos dotados de indisponibilidade absoluta.

Assim, parece-me que a teoria do conglobamento se preocupa tão-somente com a fase jurídica propriamente dita das normas coletivamente negociadas, atribuindo-lhes os efeitos

---

(28) RODRIGUEZ, Américo Plá. *Princípios de Direito do Trabalho*. Tradução de Wagner D. Giglio. 3. ed. atual. São Paulo: LTr, 2000, p. 130.

jurídicos do ato normativo convencionado, sem voltar os olhos para a fase pré-jurídica, de elaboração dos diplomas coletivos negociados.

Nesse contexto, ganha relevo o tema ora estudado, eis que se procura demonstrar a importância e a eficácia da utilização do princípio da *adequação setorial negociada* que, uma vez respeitado, confere validade jurídica irrefutável, também, à teoria do conglobamento.

Existe, portanto, uma sadia harmonia entre o princípio da adequação setorial e a teoria do conglobamento, de molde a afastar a assunção da teoria da acumulação.

Não se trata de uma diluição atomística das diversas normas apenas nos pedaços em que são benéficas ao empregado, fazendo-se do sistema uma verdadeira colcha de retalhos.

Antes, o que se propugna em fino alinhamento com os propósitos do Direito do Trabalho é a extirpação de eventuais cláusulas que prejudiquem os empregados e estejam em rota de colisão com os direitos irrenunciáveis, assim como com os imantados pela indisponibilidade absoluta, uma vez sob a ótica do legislador eles representam um *patamar civilizatório mínimo*(29), do qual a sociedade brasileira é legítima destinatária como um todo.

Note-se que não há uma interferência na autonomia privada coletiva.

Há, sim, e isso me parece plenamente possível, um controle conteudístico de cada cláusula de determinado instrumento normativo, que pode se dar pela via concentrada ou difusa(30).

Como se verifica, o princípio da *adequação setorial negociada* e a teoria do conglobamento não se excluem; antes, ao revés, completam-se e integram-se, trazendo harmonia e segurança aos atores sociais envolvidos no trato das questões coletivas.

---

(29) A expressão é de Maurício Godinho Delgado ao se referir ao princípio da adequação setorial negociada (*passim*).

(30) Refiro-me ao controle judicial que pode ser realizado por duas vias: a) concentrada, em sede de ação anulatória, cuja competência é da respectiva Seção de Dissídios Coletivos de cada TRT, se não competente o próprio Tribunal Pleno; b) difusa, em sede de ações trabalhistas individuais singulares ou plúrimas.

Ora, se o Direito é antes e acima de tudo um sistema, é preciso que se encontrem os pontos de harmonia entre dois grandes veios jurídicos, mercê dos quais se procura compatibilizar a multinormatividade típica do Direito de Trabalho.

Oportunamente, infere-se aqui a conclusão taxativa de *Norberto Bobbio*, para quem não há como sequer definir o Direito se considerarmos as normas individualmente. Ou seja, para *Bobbio*, o Direito é compreendido pelas mais diversas normas e estas devem ter convivência harmônica, posto que o *sistema* não tolera antinomias. Assim, em busca da coerência e da completude do sistema, *Bobbio* afirma que devam existir critérios para solução das incompatibilidades normativas(31).

Nessa toada, afigura-se-me de alto relevo que ao alcance dos operadores do Direito estejam instrumentos modernos, ágeis e justos como o princípio da *adequação setorial negociada* e a teoria do conglobamento.

Ambos caminham, *pari passu*, na mesma direção, pois permitem, sem radicalismo, que, ao mesmo tempo, sejam alcançados dois grandes objetivos do Direito do Trabalho, sem os quais estaremos certamente caminhando na contramão dos avanços civilizatórios:

a) a valorização da negociação coletiva;

b) o respeito aos direitos imantados pela irrenunciabilidade e pela indisponibilidade absoluta.

## 5.5. *ADEQUAÇÃO SETORIAL NEGOCIADA COMO LIMITE À NEGOCIAÇÃO COLETIVA E FUNDAMENTO DA TEORIA DO CONGLOBAMENTO*

De início, alguns aspectos relevantes devem ser analisados para que melhor se visualize a eficácia do princípio da *adequação setorial negociada*.

---

(31) Sobre antinomias do Sistema, sua completude e coerência ler: BOBBIO, Norberto. *Teoria do Ordenamento Jurídico*. 10. ed. Brasília: Ed. UnB, 1999.

Contingências econômicas, políticas e estruturais, vivenciadas no desenrolar dos anos de 1990 no Brasil até o momento atual, podem indicar o caminho.

Com a denominada terceira revolução tecnológica que culminou na globalização, podemos ver nítidas mudanças no nosso cotidiano, quer pela transformação dos mercados interno e externo, quer por meio do encurtamento das distâncias: o mundo tornou-se extremamente competitivo do ponto de vista econômico e as distâncias foram verdadeiramente relativizadas(32).

Essa ruptura de barreiras mundiais acirra a antiga e constante luta entre capital e trabalho.

As empresas querem aumentar os lucros, alargar a produção, estruturar-se em condições de acompanhar a competição, atender aos consumidores e à sua demanda crescente por novos bens e serviços.

Lado outro, os trabalhadores vão sendo submetidos a condições precárias de trabalho, a jornadas extenuantes, a número excessivo e cada vez mais crescente de horas extraordinárias, visando à manutenção do emprego, que vem sendo paulatinamente, em sua normatividade heterônoma, desregulamentado e flexibilizado.

Nesse viés, as empresas buscam orçamentos enxutos, realizando, sempre que possível, verdadeiros choques de gestão, principalmente na área de pessoal.

Neste mundo globalizado e flexibilizado, em que o número de empregos formais é reduzido — não necessariamente o de postos de trabalho — e no qual as empresas pulverizam a produção, a união dos trabalhadores resta prejudicada e o relacionamento entre estes e seus empregadores é substancialmente modificado.

---

(32) Um bom exemplo, para não se ir muito além, é o da China. Os produtos chineses invadem os mercados mundiais, produzindo verdadeiro *dumping social*, eis que naquele país quase não existe Direito do Trabalho. A longo prazo, pode ser que o ingresso da China na OMC produza algum resultado positivo de natureza reflexa na área social, principalmente se algum dia houver a instituição obrigatória de um selo de responsabilidade social.

Assim, a negociação coletiva que, como visto, foi idealizada e criada como instrumento de transação a ser realizada por seres coletivos verdadeiramente iguais sofre alguma relativização importante.

Ao contrário do que se pensava e da experiência até então revelada, os sindicatos foram aos poucos e gradativamente perdendo força, inclusive no que tange à negociação das condições de trabalho, envolvendo o que se convencionou denominar tanto de cláusulas sociais quanto de cláusulas econômicas[33].

O que não se pode esquecer é que, no momento atual, alguns direitos básicos, sob o manto de transação, acabam sendo renunciados pelos sindicatos, que não têm força para lutar e reivindicar da forma como deveriam.

Com efeito, a partir do momento em que ocorrem determinados fatores, o terreno é fértil para a celebração de determinadas cláusulas violadoras de direitos básicos dos empregados.

À medida que a união dos trabalhadores é dificultada pelas empresas completamente pulverizadas e na proporção em que o número de relações formais de emprego diminui drasticamente, os novos postos de trabalhos existentes não dão nenhuma segurança ao trabalhador, fazendo, paralelamente, crescer o medo de desemprego e até da desocupação completa, a força de coesão dos sindicatos despenca.

O setor produtivo, é claro, percebe o enfraquecimento dos sindicatos e, mais do que nunca, deseja, incentiva e prefere a negociação coletiva à legislação estatal heterônoma[34], como forma de flexibilização.

---

[33] Freqüentemente, inclusive em sede jurisprudencial, utilizam-se as expressões *cláusulas econômicas e cláusulas sociais*. No fundo, toda cláusula possui uma conotação econômica, mas a distinção é corrente. Cláusulas econômicas seriam aquelas com um fundo estritamente pecuniário, como, por exemplo, reajuste salarial, valor do vale-refeição, etc. Por outro lado, cláusulas sociais seriam todas as demais cláusulas, que traduzem um benefício patrimonial, mas que não implicam em pagamento pecuniário direto ao empregado.

[34] A flexibilização das normas justrabalhistas pela via legislativa é mais difícil e lenta, haja vista a proposta de alteração do art. 618, ocorrida no Governo FHC (1995-2002) e que se convencionou denominar de *prevalência do negociado sobre o legislado*. Felizmente, o projeto não foi adiante. Eis o que se pretendia: "As condições de trabalho ajustadas mediante convenção ou acordo coletivo prevalecem sobre o disposto em lei, desde que não contrariem a Constituição Federal e as normas de segurança e saúde do trabalhador" (Projeto de Lei n. 5.483/2001. O referido projeto não se converteu em diploma legal efetivo).

A lógica do sistema, infelizmente, é impiedosa e, aqui, contraditoriamente, inflexível.

No fundo e em essência o que ocorre é que a negociação, por vezes, faz com que a transação ceda lugar à renúncia.

Oportuna, neste momento, breve referência à diferença entre renúncia e transação, que são atos da autonomia privada, consistindo em negócios jurídicos de disposição, pelos quais o titular permite a retirada de um bem social do seu patrimônio jurídico.

A transação refere-se a um negócio jurídico bilateral ou multilateral, pelo qual as partes, com o intuito de prevenir um futuro conflito ou até mesmo de extinguir um já existente, realizam concessões recíprocas

Segundo *Orlando Gomes* "é o contrato pelo qual, mediante concessões mútuas, os interessados previnem ou terminam um litígio, eliminando a incerteza de uma relação jurídica"(35).

A renúncia, segundo os ensinamentos de *Orlando Gomes*, é o fato pelo qual o titular do direito declara a vontade de se desfazer dele, ou de não aceitá-lo. Trata-se, portanto, de negócio jurídico de disposição unilateral de vontade, pelo qual se descarta irrevogavelmente um direito do qual o sujeito é titular, independentemente da anuência ou manifestação de outra vontade para se concretizar.

Daí por que a necessidade de "concessões mútuas na transação, pois as feitas por somente um dos interessados implicam renúncia ou reconhecimento do direito ao outro. Tudo conceder sem nada receber não é transigir"(36).

No Direito do Trabalho, diferentemente do Direito Civil, no qual a renúncia é permitida, a irrenunciabilidade dos direitos pelo trabalhador constitui um dos seus princípios fundamentais — conforme já visto —, não podendo jamais ser desrespeitado.

(35) GOMES, Orlando. *Contratos*. Rio de Janeiro: Forense, 2000, p. 440.

(36) GOMES, Orlando. *Contratos*. Rio de Janeiro: Forense, 2000, p. 441.

"A proteção dispensada ao trabalhador, traduzida no Princípio da Irrenunciabilidade de seus direitos, surgiu no momento em que os industriais, como detentores do capital, podiam impor aos operários condições degradantes e por vezes até desumanas, na prestação do trabalho, o que levou o Estado a interferir nas relações de emprego, antes, de natureza puramente privada[(37)]."

Se, no plano individual, a renúncia é completamente rechaçada pelo Direito do Trabalho, com muito mais vigor o é no plano das relações coletivas, nas quais os sindicatos atuam em nome de seus representados, não se podendo, nem por hipótese, presumir que os empregados desejam se despojar de determinado direito já integrado ao seu magro patrimônio.

No entendimento de *Plá Rodriguez*, a vedação à renúncia pelos sindicatos, quando da negociação coletiva "encontra razões profundas, ligadas à natureza das normas. As normas irrenunciáveis continuam irrenunciáveis, seja o renunciante um sujeito individual ou coletivo"[(38)].

Em conformidade com o já exposto, na ordem justrabalhista brasileira, não há possibilidade de o ser coletivo obreiro, nos trâmites de uma negociação coletiva, proceder à renúncia de direitos, assim como à transação de direitos imantados de indisponibilidade absoluta.

O foco, agora, uma vez delimitado o espaço de atuação sindical, é deslocado para se saber sobre a possibilidade dos sindicatos, no momento da negociação coletiva, realizar atos de transação e, em caso afirmativo, quais são os limites impostos, considerando-se todo o processo de flexibilização e enfraquecimento deste ser coletivo obreiro.

---

(37) MENDONÇA, Rita de Cássia Tenório. *Renúncia e Transação no Direito do Trabalho*. Disponível em: http://www.vemconcursos.com/opiniao/index.phtml?page_ordem=assunto page_id=1317 page_print=1. Acesso em: 11 mai. 2006.

(38) RODRIGUEZ, Américo Plá. *Princípios de Direito do Trabalho*. Tradução de Wagner D. Giglio. 3. ed. atual. São Paulo: LTr, 2000, p. 188.

Neste aspecto, a observância obrigatória do princípio da *adequação setorial negociada*, como comando de otimização que é, atende à famosa constatação de *Lacordaire:* "Entre o forte e o fraco, entre o rico e o pobre, entre o operário e o patrão é a liberdade que oprime e a lei que liberta".

Embora muitos anos tenham se passado, esse refrão, com o qual, segundo dizem, aquele Frei Dominicano abria e fechava a celebração de missas, ainda continua atual, demonstrando que, na luta entre o capital e o trabalho, persiste uma diferença de substância entre as partes envolvidas na relação jurídica de emprego, que ainda sugere uma certa dose de intervenção estatal.

Não há dúvida que a negociação coletiva constitui um instrumento eficaz, ágil e democrático para que as partes disciplinem o conteúdo obrigacional da relação jurídica de emprego.

No entanto, o que não se pode concordar é em atribuir validade a toda e qualquer cláusula só porque ela é fruto de negociação coletiva, como se os sindicatos fossem detentores de uma espécie de carta branca das categorias que representam, tudo podendo fazer em nome desta representação, ainda que em franco e aberto prejuízo à classe trabalhadora, fora de um contexto minimamente tolerado por uma sociedade que se quer realmente democrática e perante a qual se valoriza o trabalho do homem.

Enfatize-se: uma coisa é a negociação nos espaços transacionáveis; outra bem diferente é o despojamento de direitos irrenunciáveis ou a transação nos espaços imantados de indisponibilidade absoluta.

No princípio da *adequação setorial negociada*, o Direito do Trabalho encontra a realização de uma nova faceta de sua antiga finalidade tuitiva.

Esse princípio funciona como limite à negociação coletiva, impondo condições tais que, caso sejam ultrapassadas, invalidada restará a cláusula que o infringir.

Segundo *Mauricio Godinho Delgado*, precursor do princípio em apreço, no Direito brasileiro, são duas as hipóteses possíveis para que a negociação coletiva, por meio da transação, seja válida:

> "As normas autônomas juscoletivas devem implementar um padrão setorial de direitos superior ao padrão geral oriundo da legislação heterônoma aplicável;
>
> As normas autônomas juscoletivas podem transacionar setorialmente parcelas justrabalhistas de indisponibilidade apenas relativa — não de indisponibilidade absoluta[39]."

Na primeira hipótese, as normas coletivamente negociadas estão ampliando os direitos conferidos pela legislação heterônoma, atendendo à finalidade do *princípio tutelar*, outorgando legitimidade e validade à norma.

Já na segunda hipótese, em havendo uma afronta direta ao princípio da indisponibilidade dos direitos trabalhistas, é importante que se verifique se a transação realizada atinge, tão-somente, direitos caracterizados por indisponibilidade relativa.

Se isso ocorrer, legítima e válida se revelará a transação.

Todavia, se ocorrer o contrário, isto é, se a transação tiver como foco direito cercado pela indisponibilidade absoluta, a cláusula padecerá de vício insanável, sendo nula de pleno direito.

Diante do exposto, a transação somente poderá dizer respeito a parcelas trabalhistas dotadas de indisponibilidade relativa.

Com isso, afastam-se do campo substantivo de discussão da negociação coletiva as parcelas de indisponibilidade absoluta, "que representam um patamar civilizatório mínimo, que

---

[39] DELGADO, Mauricio Godinho. *Princípios de Direito Individual e Coletivo de Trabalho*. 2. ed. São Paulo: LTr, 2004, p. 154.

a sociedade não concebe ver reduzido, sob pena de se afrontarem a própria dignidade da pessoa humana e a valorização mínima deferível ao trabalho"[40].

Desse modo, a negociação coletiva deve ser realizada por meio de uma autêntica e verdadeira transação, cumpridos todos os requisitos intrínsecos e extrínsecos próprios do negócio jurídico: capacidade plena das partes, higidez da manifestação de vontade, objeto lícito e possível, forma prescrita ou não defesa em lei.

Após a observância de todos os elementos jurídico-formais, a transação deve ser realizada nos estritos limites estabelecidos pelo princípio da *adequação setorial negociada.*

Vale dizer, a transação deve refletir a elevação do patamar civilizatório mínimo de direitos, consoante vontade do legislador, sendo certo que a disposição setorial somente poderá negociar os direitos de indisponibilidade relativa, já que os demais se encontram sob o manto da tutela absoluta.

A doutrina propugna que:

> "O patamar civilizatório mínimo é delineado por três grupos de normas trabalhistas heterônomas: *as normas constitucionais em geral; as normas de tratados e convenções internacionais vigorantes no plano interno brasileiro; as normas legais infraconstitucionais que asseguram patamares de cidadania ao indivíduo que labora*[41]."

Esse patamar civilizatório mínimo funciona como uma barreira, eis que ao sindicato não é dado o poder de transacionar normas, como, por exemplo, de proteçao à saúde e à segurança do trabalhador, salário mínimo, assinatura da CTPS, FGTS, normas previstas em Acordo Coletivo ou em Convenção Coletiva, que representem conquistas históricas, e quando tratar-se de direitos elevados em nível de interesse público.

---

[40] DELGADO, Mauricio Godinho. *Princípios de Direito Individual e Coletivo de Trabalho.* 2. ed. São Paulo: LTr, 2004, p. 155.

[41] DELGADO, Mauricio Godinho. *Princípios de Direito Individual e Coletivo de Trabalho.* 2. ed. São Paulo: LTr, 2004, p. 155-156.

Claro que se deve atentar para as exceções que a própria Constituição Federal prevê, possibilitando, via negociação coletiva, a diminuição de direitos de indisponibilidade absoluta.

De fato a CR/88 dispõe em seu art. 7º, incisos VI, XIII e XIV:

> "VI — irredutibilidade do salário, *salvo o disposto em Convenção ou Acordo Coletivo;*
>
> ...
>
> XIII — duração do trabalho normal não superior a oito horas diárias e quarenta e quatro semanais, facultada a compensação de horários e a redução da jornada, *mediante acordo ou Convenção Coletiva de trabalho;*
>
> XIV — jornada de seis horas para o trabalho realizado em turnos ininterruptos de revezamento, *salvo negociação coletiva.*"

Assim, a Constituição Federal ressalvou expressa e taxativamente a possibilidade destes Direitos — irredutibilidade do salário, duração do trabalho e jornada de seis horas para turnos ininterruptos de revezamento — serem flexibilizados via negociação coletiva.

Tais *exceções* devem ser analisadas de *forma restritiva* e *jamais utilizadas como fundamento para abrangência de outros direitos,* uma vez que, em se tratando de supressão de direitos sociais, *a interpretação extensiva ou a analogia não são tolerados.*

Retomando o ponto nevrálgico da questão, percebe-se que, finalizada a negociação coletiva, quanto ao diploma daí resultante, seja o Acordo ou a Convenção Coletiva de Trabalho, não poderá restar qualquer resquício de dúvida a respeito da validade das normas negociadas, que servirão como fonte de Direito a ser aplicado no âmbito de determinada categoria profissional.

Assim, ultrapassado este momento pré-jurídico de elaboração da norma autônoma, a utilização da teoria do conglobamento não representa mais nenhuma ameaça para a ordem jurídica.

Ao revés, se houver um controle apriorístico voltado para a fixação dos limites de atuação sindical na esfera da negociação coletiva, fora estarão da mesa de discussão aqueles temas cercados por uma proteção mais contundente: a) direitos irrenunciáveis; b) direitos imantados pela indisponibilidade absoluta.

Obviamente que existem exceções, como já sublinhado. Só que elas estão, taxativamente, previstas na ordem jurídica heterônoma estatal em que o legislador exerceu prévio controle de validade e que precisa ser observado pelos atores sociais envolvidos na negociação coletiva.

No eventual embate entre um diploma coletivo, que durante sua elaboração respeitou o princípio da *adequação setorial negociada*, e outro estuário de normas, nenhum risco se estará correndo ao se optar pela aplicação do primeiro.

Assim, para uma segura aplicação da teoria do conglobamento, impõe-se uma análise prévia: se no momento de elaboração do instrumento coletivo o princípio da *adequação setorial negociada* foi atendido.

Quer me parecer que não há que se falar em aplicação da teoria do conglobamento desgarrada do princípio da *adequação setorial negociada*, sob pena de convalidação da transação de direitos absolutamente indisponíveis ou até mesmo a renúncia a direitos trabalhistas.

Portanto, o princípio da *adequação setorial negociada* cumpre duplo papel:

Primeiramente, na fase pré-jurídica da norma autônoma, viabiliza a razão de ser e o fundamento do Direito do Trabalho, que é a proteção ao hipossuficiente da relação laboral, implementando um patamar de direitos superiores ao patamar mínimo heteronomamente concedido e impossibilita a renúncia ou a transação de direitos absolutamente indisponíveis.

Em segundo lugar, numa fase jurídica propriamente dita, em que o diploma coletivo tenha sido elaborado com estreita observância da *adequação setorial negociada*, viabiliza a aplicação da teoria do conglobamento, com a segurança jurídica de estar priorizando normas plenamente válidas.

## 5.6. EXEMPLOS PRÁTICOS DA APLICAÇÃO DO PRINCÍPIO DA ADEQUAÇÃO SETORIAL NEGOCIADA

### 5.6.1. *Invalidade de cláusula sindical inserida em Convenção Coletiva de trabalho que desonerava o empregador do pagamento de horas extras itinerantes no percurso residência-trabalho, tratando-se de local de difícil acesso ou não servido por transporte público, em que o empregador fornecer a condução*

A presente demanda foi submetida à apreciação da 4ª Turma do Egrégio Tribunal Regional do Trabalho da 3ª Região, para apreciação acerca de sua validade.

Analisando a referida cláusula sob a égide do princípio da *adequação setorial negociada* temos que:

A desoneração do empregador ao pagamento de horas itinerantes não configura a primeira hipótese autorizativa de transação na negociação coletiva. Ou seja, não se trata de uma norma que implemente um padrão superior de direitos aos heteronomamente concedidos. Pelo contrário, trata-se de redução de direitos concedidos pela legislação estatal.

Quanto à segunda hipótese autorizativa de transação em negociação coletiva, há de se definir a natureza das horas itinerantes como direitos de indisponibilidade absoluta ou relativa. Caso sejam direitos absolutamente indisponíveis, a cláusula em apreço deverá ser invalidada.

A Consolidação das Leis do Trabalho define, em seu art. 58, § 2º, o tratamento das horas itinerantes, previsto no capítulo que trata sobre as *Normas Gerais de Tutela do Trabalho*:

> "O tempo despendido pelo empregado até o local de trabalho e para o seu retorno, por qualquer meio de transporte, não será computado na jornada de trabalho, *salvo quando*, tratando-se de local de difícil acesso ou não servido por transporte público, o empregador fornecer a condução."

Ademais, o Tribunal Superior do Trabalho sedimentou entendimento convergente, pela edição das Súmulas ns. 90 e 320:

"Súmula n. 90 — HORAS *IN ITINERE*. TEMPO DE SERVIÇO.

I — O tempo despendido pelo empregado, em condução fornecida pelo empregador, até o local de trabalho de difícil acesso, ou não servido por transporte público regular, e para o seu retorno é computável na jornada de trabalho.

II — A incompatibilidade entre os horários de início e término da jornada do empregado e os do transporte público regular é circunstância que também gera o direito às horas *in itinere*.

III — A mera insuficiência de transporte público não enseja o pagamento de horas *in itinere*.

IV — Se houver transporte público regular em parte do trajeto percorrido em condução da empresa, as horas *in itinere* remuneradas limitam-se ao trecho não alcançado pelo transporte público.

V — Considerando que as horas *in itinere* são computáveis na jornada de trabalho, o tempo que extrapola a jornada legal é considerado como extraordinário e sobre ele deve incidir o adicional respectivo."

"Súmula n. 320 — HORAS *IN ITINERE*. OBRIGATORIEDADE DE CÔMPUTO NA JORNADA DE TRABALHO.

O fato de o empregador cobrar, parcialmente ou não, importância pelo transporte referido, para o local de difícil acesso ou não servido por transporte público regular, não afasta o direito à percepção das horas *in itinere*.

Tendo em vista todas as normas heterônomas analisadas, parece ser mais coerente entender que o direito ao cômputo na jornada das itinerantes reveste-se de indisponibilidade absoluta, inviabilizando sua supressão via negociação coletiva, em respeito ao princípio da *adequação setorial negociada*."

Este foi o entendimento adotado pelo Eminente Juiz Relator *Luiz Otávio Linhares Renault*:

"Não demonstrada a existência de transporte público regular no referido percurso, o empregador estaria lucrando unilateralmente com a supressão do pagamento da sobrejornada itinerante, haja vista que, de qualquer forma, teria mesmo que transportar o trabalhador até à frente de trabalho para assegurar-se da certeza da prestação do labor.

...

A Constituição Federal no art. 7º e incisos elenca direitos sociais mínimos do trabalhador, de caráter irrenunciáveis, só autorizando a flexibilização nos casos constitucionalmente previstos e o caso concreto não se encaixava na ressalva constitucional[(42)]."

Urge ressaltar a posição interpretativa diversa, no sentido de que a negociação coletiva, ao primar pelo princípio do conglobamento, não é crível que o sindicato negociasse cláusulas sindicais para prejudicar a categoria profissional que representa.

Portanto, "posicionou-se pela validade da cláusula sindical, acrescentando que a negociação coletiva é válida para flexibilizar de forma ampla as relações de trabalho, só encontrando barreiras no chamado 'mínimo ético social' e nas normas de proteção à saúde, higiene, segurança e liberdade do trabalhador, sendo intransacionável nos chamados direitos da personalidade. Fora daí a negociação coletiva é ampla e serve ao propósito de, amenizando o caráter tuitivo do Direito do Trabalho, tornar possível às vezes até mesmo a preservação do próprio emprego, principalmente quando a empresa atravessa situação econômica melindrosa"[(43)].

Guardado o devido respeito a este entendimento citado, não parece o melhor caminho, tendo em vista permitir ao sindicato a disposição de direitos absolutamente indisponíveis,

---

(42) CARMO, Júlio Bernardo do. *A negociação coletiva e o respeito aos direitos sociais mínimos*. Disponível em: http://www.mg.trt.gov.br/informe/acs/2006/n280306.htm. Acesso em: 12 mai. 2006.

(43) CARMO, Júlio Bernardo do. *A negociação coletiva e o respeito aos direitos sociais mínimos*. Disponível em: http://www.mg.trt.gov.br/informe/acs/2006/n280306.htm. Acesso em: 12 mai. 2006.

prejudicando seus representados e transferindo a estes os riscos da atividade empresarial, ao permitir a redução de direitos de caráter tuitivo em virtude da dificuldade econômica enfrentada pela empresa.

Assim, em conformidade com o princípio da *adequação setorial negociada*, a cláusula que suprime a responsabilidade do empregador ao pagamento das horas itinerantes é inválida e a este diploma coletivo não pode ser aplicada a teoria do conglobamento, pelo risco de convalidar referida norma.

### 5.6.2. *Invalidade de cláusula sindical inserida em Convenção Coletiva de trabalho que permite o fracionamento ou a redução do horário destinado ao intervalo para refeição e descanso*

As normas relativas ao intervalo intrajornada são de natureza indisponível e referem-se à segurança e à medicina no trabalho.

Creio que tais características seriam suficientes para invalidar qualquer cláusula que viesse a fazer *tábula rasa* desta proteção.

Não obstante, uma vez transacionado o intervalo intrajornada, urge a aplicação do princípio da *adequação setorial negociada*, a fim de que seja realizada uma análise a propósito da proteção à segurança e à saúde do trabalhador.

Por este princípio, o resultado desse confronto não poderia ser diferente, restando óbvia a invalidade da cláusula, pois a matéria transacionada não está prevista nas hipóteses constitucionais que permitem a flexibilização por negociação coletiva, além de se tratar de direito revestido de indisponibilidade absoluta.

Sobre o mérito, colhe-se a seguinte ementa:

> "EMENTA: PRINCÍPIO DA ADEQUAÇÃO SETORIAL — LIMITES À NEGOCIAÇÃO COLETIVA — HARMONIZAÇÃO INTERPRETATIVA DO ART. 7º, INCISO, XXVI, DA CONSTITUIÇÃO FEDERAL — DIREITOS SOCIAIS CONSTITUCIONAIS E NORMAS INFRA-CONSTITUCIONAIS DE ORDEM PÚBLICA — PUJANÇA SINDICAL *VERSUS* INTERVENÇÃO ESTATAL — O Princípio *da adequação setorial nego-*

*ciada* permite a realização de uma acomodação nas ranhuras e nos pontos de atrito entre as normas autônomas e heterônomas de Direito do Trabalho. O sistema justrabalhista, à luz da multinormatividade, que lhe é inerente, exige a observância de certas diretrizes, de determinados comandos otimizadores, emanados do Princípio *da adequação setorial negociada*, para que a harmonia e a lógica da teoria de valores magnos resguardados pelo Constituinte, não se percam em suas axiologias conflitantes interiores e não se transformem em desarmonia intransponível entre as normas oriundas das fontes estatais e aquelas construídas pelas partes, por intermédio da representação sindical, em aberto e franco prejuízo direto para os trabalhadores e indireto para toda a coletividade. Embora elaboradas pelos entes coletivos representativos dos respectivos segmentos econômicos e profissionais, as cláusulas normativas, fruto da livre negociação das partes, são canalizadas para os contratos individuais de trabalho, pelo que se torna viável um controle difuso a ser realizado em sede de ações individuais singulares ou plúrimas, a fim de que se avaliem os limites e os contornos da atuação sindical, que pode transacionar *in pejus* somente nos espaços dos direitos imantados de indisponibilidade relativa. Não existe direito absoluto de negociação por parte de sindicato representativo dos empregados, seja ele de que ramo for, já que refoge da sua esfera de representação e, por conseguinte, de sua legitimidade, a transação a respeito de direitos protegidos por indisponibilidade absoluta, assim como a renúncia, isto é, o despojamento unilateral de determinado direito, ainda quando previsto abstrata e genericamente no ordenamento jurídico, excetuados os casos previstos expressamente pela Constituição Federal, art. 7º, incisos VI, XIII e XIV, cuja interpretação é restrita e não ampla. Se a exceção à negociação coletiva estivesse contida na cabeça do citado art. 7º, a solução realmente seria outra. Não está. De conseguinte, as exceções se limitam aos respectivos incisos, que não possuem por natural lógica, efeitos irradiativos. À pujança sindical deve existir um freio proveniente da intervenção estatal, lastreada no dirigismo contratual imposto pelo próprio Estado, eis que o principio da Autonomia da Vontade, mesmo em eras neoliberais e na esfera coletiva, ainda sofre aguda restrição no âmbito das relações individuais entre empregado e empregador, por isso que o sindicato deve lutar para melhorar e não para piorar as condições de trabalho e de vida dos empregados, que representa, por força do art. 8º, incisos III e VI, da Carta Magna. A interpretação que traz harmonia e preserva a integridade do sistema constitucional leva à compreensão de que o inciso XXVI, do art. 7º, não outorga uma espécie de imunidade absoluta à negociação coletiva, mesmo porque o respectivo *caput* enuncia que o rol desfiado pelo legislador constitui um plexo de direitos dos trabalhadores, que visam a melhoria de sua condição social. Pois bem, se até a lei se submete a um controle de legalidade, a Convenção e o Acordo Coletivos de trabalho, frutos da autonomia privada coletiva por delegação da categoria, não poderiam ter obtido uma blindagem jurídica, que os colocasse em posição privilegiada: acima e fora da lei. De mais a mais, a teoria do conglobamento deve ser aplicada *a posteri*, isto é, após a filtragem de conteúdo a ser exercida pela adequação setorial. De resto, o art. 114, inciso IX, § 2º, da Carta Magna, condiciona o poder normativo da justiça do trabalho, estabelecendo de forma clara e peremptória que, ao dirimir o conflito coletivo, deverão ser respeitadas as disposições mínimas legais de proteção ao trabalho, que, obviamente, são aquelas a respeito das quais ninguém, nem o empregado em sede individual, nem o sindicato em sede coletiva, podem renunciar ou transacionar, por se tratarem de dogmas mínimos construídos pela sociedade em torno de uma dignidade do ser humano. Note-se que a sentença normativa, plasmada objetivamente, pela Constituição, tem origem no mesmo fato social: conflito coletivo de trabalho, que, uma vez não solucionado autonomamente, vai a julgamento pelos TRT's ou pelo TST. Se nem o juiz pode desrespeitar as disposições mínimas legais de proteção ao trabalho, no momento em que cria a norma jurídica, com igual força e diretriz o sindicato também não pode aviltar ou violar essa couraça mínima" (TRT — 3ª R. — 4ª T. — Juiz Relator: *Luiz Otávio Linhares Renault*) — RO: 1178.2005.098 — Publicado em: 10.6.2006).

### 5.6.3. *Validade de cláusula que define a obrigatoriedade de opção pelo trabalhador por plano de saúde, plano odontológico ou plano de incentivo à capacitação profissional*

No caso em tela, a empresa tendente a disponibilizar planos de saúde, odontológico e de incentivo à capacitação profissional aos seus empregados, em negociação coletiva fixou a obrigatoriedade de o trabalhador optar por um dos planos oferecidos.

Os argumentos apresentados pela empresa eram no sentido de que seria mais vantajoso ao trabalhador optar por um dos planos oferecidos, o que lhe apresentasse maior utilidade, podendo agregar maiores vantagens a este plano, do que ter os três planos, porém com menores benefícios, mesmo porque algum deles poderia não ser de interesse do trabalhador.

A exigência da empresa baseava-se na utilidade, ou seja, ao invés de disponibilizar aos empregados todos os planos, poderia este optar por aquele que mais necessitasse e que fosse realmente utilizar, obtendo maiores vantagens do que se optasse por todos.

Por exemplo, ao invés de optar por todos os planos no modo "simples", em que a capacitação profissional estivesse limitada ao valor "X", o empregado (que já possui plano de saúde e odontológico privado, por exemplo) poderia optar somente pelo incentivo à capacitação profissional no modo "*golden* ou *plus*", que disponibilizaria o valor "3X"

Ou ainda, um empregado que não deseja incentivos à capacitação profissional, que já possua um plano de saúde privado e se interessa tão-somente em ter o plano odontológico da empresa. Pode assim, ao invés de aderir aos três planos oferecidos pela empresa, optar somente pelo plano odontológico, com acréscimo do benefício de cobertura de cirurgias.

À luz do princípio da *adequação setorial negociada*, tem-se que a referida norma encerra direito de disponibilidade volitiva empresarial, aumentando o padrão mínimo heteronomamente concedido.

Ademais, a concessão de planos de saúde, odontológico ou de incentivo à capacitação profissional não consistem direitos de indisponibilidade absoluta. E mesmo que o fossem, a obrigatoriedade de opção por um dos planos pelo trabalhador só lhe proporcionaria vantagens, posto que receberia um plano que realmente precisa e efetivamente utilizará, com benefícios adicionais.

Desta forma, atendido o princípio da *adequação setorial negociada*, o diploma normativo em questão torna-se válido, inclusive para prevalecer em detrimento de outros, pela utilização da teoria do conglobamento.

# CONCLUSÃO

Este livro teve por finalidade a pesquisa, o estudo, a reflexão e o desenvolvimento doutrinário acerca do princípio da *adequação setorial negociada*, idealizado e sistematizado pelo Prof. Dr. *Mauricio Godinho Delgado*, e a respeito do qual não deparamos com nenhum estudo específico, devidamente sistematizado, completo, amplo, abrangente e exauriente.

Não que essa tenha sido a minha meta.

Ela foi bem mais modesta: teve como móvel central a tentativa de abertura de várias portas e não o fechamento de uma única passagem, uma vez que os afluentes deste rio são todos muito caudalosos, exigindo da pesquisadora extremado cuidado e cautela não menor.

O intuito foi singelo mesmo. Procurei sistematizar o aprofundamento de um estudo exclusivamente a propósito de uma temática nova e altamente controvertida e que vem instigando a criatividade dos estudiosos do Direito do Trabalho.

No fundo, o tema começou como um capítulo de outro tema, mas que foi ganhando força e personalidade à medida que as idéias avançavam, sem quase nenhum apoio doutrinário.

O desafio foi grande, como enormes continuam sendo as dúvidas.

Foi nesse momento, de perplexidade e dúvida, sem muita resposta nos livros, que se decidiu pela temática central, não obstante as inúmeras dificuldades teóricas e práticas surgidas ao longo do desenvolvimento da pesquisa.

De conseguinte, no eixo da temática escolhida, procurei demonstrar o agudo papel limitador da negociação coletiva, bem como a sua importância para fundamentar a aplicação da teoria do conglobamento, que, num primeiro momento, me pareceu incompatível com o princípio da *adequação setorial negociada*.

A harmonia acabou vingando, convencida que fiquei de que ambos se completam e dão efetividade e nova coloração ao horizonte protetivo do Direito do Trabalho, sua razão mais viva e vibrante de ser.

Sob a ótica da dinâmica interior, o primeiro capítulo versa sobre as mudanças e as diversidades de situações que acompanharam o Direito do Trabalho no decorrer do seu surgimento, da sua afirmação e do seu desenvolvimento, com ênfase às lutas de classes e às particularidades, que lhe conferem o viés de ramo autônomo do Direito.

Em continuação, o estudo faz uma abordagem a propósito dos princípios especiais do Direito Individual e Coletivo do Trabalho, bem como da sua importância na elaboração, interpretação e aplicação da norma jurídica, sobretudo em se tratando de Direito do Trabalho, ramo da ciência jurídica que visa regular as relações entre empregados e empregadores — na secular luta de classes.

É importante frisar que, para mim, dessa luta de classe não podem sair vencedores nem vencidos: ambos têm de conciliar os seus interesses antagônicos em prol de uma sociedade mais justa e inclusiva.

Posteriormente, adentrou-se na análise das transformações sofridas pelo ramo juslaboral no desenrolar dos Séculos XX/XXI, visando preparar o leitor para o ponto central, que trata do princípio da *adequação setorial negociada*.

Nesse contexto principal, ressaltei as dificuldades enfrentadas atualmente pela negociação coletiva, em virtude da denominada crise do sindicalismo, que, em parte, é o resultado da crise maior do Estado de Bem-Estar Social, fustigado que vem sendo pelo neoliberalismo.

Com efeito, no quarto capítulo, o princípio da *adequação setorial negociada* é estudado de forma mais profunda e minuciosa, ficando evidenciado que constitui um instrumento eficaz de proteção do trabalhador, já que neste ramo do Direito, ao contrário da paridade das partes, existente no Direito Comum, há uma flagrante desigualdade entre os contraentes, ainda que se esteja diante de seres coletivos.

Na real verdade, a minha conclusão foi no sentido de que essa característica da negociação coletiva mitiga, porém não elimina por completo a desigualdade.

Ainda no modo de ver desta pesquisadora, esta característica da negociação coletiva — participação de seres coletivos — não é uma fórmula segura e infalível da igualdade das partes, o que acaba por refletir no resultado final, isto é, no instrumento normativo.

Se a fórmula fosse perfeita, a realidade não nos revelaria, dia-a-dia, inúmeras situações em que direitos básicos dos empregados estão sendo negociados a troca de nada.

No desdobrar do encadeamento lógico e seqüencial dos capítulos, firmei a convicção de que a aplicação do princípio da *adequação setorial negociada* funciona como verdadeiro filtro das impurezas normativas, eventualmente advindas da negociação coletiva.

O fato de determinado instrumento ser fruto de avença coletiva impressiona, traz fortes indícios acerca da sua seriedade e de sua eficácia, mas não basta para a sua validade.

É preciso ir além, fazendo com que o véu caia e se mostrem em suas profundezas a natureza do direito transacionado, afastando-se, de vez, a possibilidade de renúncia.

O que o empregado não pode renunciar no plano individual, o sindicato, que o representa, também não pode fazê-lo na esfera coletiva.

As exceções foram pontuadas.

Mas são exceções e não regra, pelo que a interpretação das ressalvas contidas no art. 7º da Constituição Federal há de ser restritiva.

Por fim, para retratar as vantagens da utilização do princípio da *adequação setorial negociada* foram expostos casos práticos, provocando o debate e instigando o leitor a pensar sobre a construção de normas autônomas, que valorizem verdadeiramente e em todas as dimensões o trabalho humano.

# *Referências Bibliográficas*

*A Terceira Revolução Industrial.* Disponível em: http://www.01wfm.hpg.ig.com.br/terceirarevolucaoindustrial.htm. Acesso em 20.12.05.

BARASSI. *Apud* LIMA, Francisco Meton Marques de. *Os princípios do Direito do Trabalho na lei e na jurisprudência.* 2. ed. rev. e ampl. São Paulo: LTr, 1997.

BOTIJA, Eugenio Pérez. *Derecho del trabajo. Apud* LIMA, Francisco Meton Marques de. *Princípios de Direito do Trabalho na lei e na jurisprudência.* 2. ed. São Paulo: LTr, 1997.

BUDÓ, Marília Denardin. *Flexibilização do Direito do Trabalho. E a Justiça Social? Site* do Curso de Direito da UFSM. Santa Maria/RS. Disponível em: <http://www.ufsm.br/direito/artigos/trabalho/flexibilizacao-clt.htm>. Acesso em 11 nov. 2005.

CARMO, Júlio Bernardo do. *A negociação coletiva e o respeito aos Direitos sociais mínimos.* Disponível em: http://www.mg.trt.gov.br/informe/acs/2006/n280306.htm. Acesso em: 12 mai. 2006.

CASTRO, Frederico de. *Apud* RODRIGUEZ, Américo Plá. *Princípios de Direito do Trabalho.* Tradução portuguesa por Wagner D. Giglio. 3. ed. atual., São Paulo: LTr, 2000.

CINTRA, Antônio Carlos de Araújo; GRINOVER, Ada Pellegrini e DINAMARCO, Cândido Rangel. *Teoria Geral do processo.* 13. ed. São Paulo: Malheiros, 1997.

CONCEIÇÃO, Daniela Torres. "Contratação do Trabalho no Sistema Capitalista: das Modalidades de Conexão Laborativa nos Sistemas Pré-Capitalistas à Fórmula Empregatícia do Capitalismo". *In:* PIMENTA, José Roberto Freire *et al.* (Coords.). *Direito do Trabalho: Evolução, Crise, Perspectivas.* São Paulo: LTr, 2004.

CORIAT, Benjamin. *Pensar pelo avesso: o modelo japonês de trabalho e organização*. Rio de Janeiro: Revan, UFRJ, 1994.

DELGADO, Gabriela Neves. "O Mundo do Trabalho na Transição entre os Séculos XX e XXI". *In:* PIMENTA, José Roberto Freire *et al.* (Coords.). *Direito do Trabalho: Evolução, Crise, Perspectivas*. São Paulo: LTr, 2004.

DELGADO, Mauricio Godinho. *Capitalismo, trabalho e emprego: entre o paradigma da destruição e os caminhos de reconstrução*. São Paulo: LTr, 2005.

________. *Curso de Direito do Trabalho*. 2. ed. São Paulo: LTr, 2003.

________. *Introdução ao Direito do Trabalho: relações de trabalho e relações de emprego*. 3. ed. rev. e atual. São Paulo: LTr, 2001.

________. *Princípios de Direito individual e Coletivo do Trabalho*. 2. ed. São Paulo: LTr, 2004.

________. "Princípios do Direito do Trabalho". Brasília. *Jornal Trabalhista*, Centro de Assessoria Trabalhista, ano XI, n. 535, 12.12.94, p. 1.202-1.208.

________; TEODORO, Maria Cecília Máximo e PEREIRA, Vanessa dos Reis. (Coords.). *Relação de Trabalho: Fundamentos interpretativos para a nova competência da Justiça do Trabalho*. São Paulo: LTr, 2005.

DUMENIL, Gerard e LEVY, Dominique. *O Imperialismo Na Era Neoliberal*. Disponível em: http://www.jourdan.ens.fr/levy/dle 2004h.doc. Acesso em 2 abr. 2006.

DWORKIN, Ronald. *Apud* SILVA, Luiz de Pinho Pedreira da. *Principiologia do Direito do Trabalho*. 2. ed. São Paulo: LTr, 1999.

GOMES, Orlando. *A Convenção Coletiva de trabalho*. São Paulo: LTr, 1995.

________. *Contratos*. Rio de Janeiro: Forense, 2000.

GONÇALVES, Antônio Fabrício de Matos. "Reestruturação Produtiva, Globalização e Neoliberalismo: Reflexos no Modelo Brasileiro e suas Conseqüências na Legislação Trabalhista". *In:* PIMENTA, José Roberto Freire *et al.* (Coords.). *Direito do Trabalho: Evolução, Crise, Perspectivas*. São Paulo: LTr, 2004.

GONÇALES, Odonel Urbano. *Direito do Trabalho para concursos.* São Paulo: Atlas, 2000.

GRAU, Eros Roberto. *Apud* SILVA, Luiz de Pinho Pedreira da. *Principiologia do Direito do Trabalho.* 2. ed. São Paulo: LTr, 1999.

HOBSBAWM, E. J. *Era dos extremos: o breve século XX: 1914-1991.* 2. ed. São Paulo: Companhia das Letras, 1995.

JAVILLIER, Jean-Claude. *Manuel Droit du Travail.* 5. ed. Paris: LGDJ, 1996.

LIMA, Francisco Meton Marques de. *Princípios de Direito do Trabalho na lei e na jurisprudência.* 2. ed. São Paulo: LTr, 1997.

LOURENÇO FILHO, Ricardo Machado. *Negociado X Legislado. Fim da CLT?* Disponível em: http://www.tribunadobrasil.com.br/?ned=1608&ntc=14126&sc=43. Acesso em: 10 mai. 2006.

LUCAS, João Ignacio Pires. *Neomonopolismo e o vários liberalismos: e os estudos dos casos do Chile e Brasil.* Disponível em: http://fuentes.csh.udg.mx/CUCSH/Sincronia/pires2.htm. Acesso em 15 abr. 2006.

MADUREIRA, Cláudio Penedo. "Negociado x legislado". *Jus Navigandi,* Teresina, a. 8, n. 381, 23 jul. 2004. Disponível em: <http://jus2.uol.com.br/doutrina/texto.asp?id=5473>. Acesso em: 8 nov. 2005.

MELLO, Celso Antônio Bandeira. *Elementos de Direito Administrativo.* São Paulo: Revista dos Tribunais, 1981.

MENDONÇA, Rita de Cássia Tenório. *Renúncia e Transação no Direito do Trabalho.* Disponível em:http://www.vemconcursos.com/opiniao/index.phtml?page_ordem=assunto&page_id=1317&page_print=1. Acesso em: 11 mai. 2006.

NASCIMENTO, Antenor. Especial Getúlio Vargas: "A herança ficou pesada". *Revista Exame.* Edição 824, Ano 38, n. 16, 18. ago. 2004.

NASCIMENTO, Amauri Mascaro. "Evolução Histórica do Sindicalismo". *In:* ROMITA, Arion Sayão (Coord.). *Sindicalismo.* São Paulo: LTr, 1986.

NETO, José Francisco Siqueira. *Liberdade sindical e representação dos trabalhadores nos locais de trabalho.* São Paulo: LTr, 1999.

PAOLO GRECO. *Apud* RODRIGUEZ, Américo Plá. *Princípios de Direito do Trabalho.* Tradução de Wagner D. Giglio. 3. ed. atual. São Paulo: LTr, 2000.

PINTO, José Augusto Rodrigues. *Curso de Direito individual do trabalho*: 5. ed. São Paulo: LTr, 2003.

REALE, Miguel. *Lições preliminares de Direito.* 19. ed. São Paulo: Saraiva, 1991.

RENAULT, Luiz Otávio Linhares. "Que é isto — O Direito do Trabalho?" *In* PIMENTA, José Roberto Freire *et al.* (Coords.). *Direito do Trabalho: Evolução, Crise, Perspectivas.* São Paulo: LTr, 2004.

RIFKIN, Jeremy. *O fim dos empregos: o declínio inevitável dos níveis dos empregos e a redução da força global de trabalho.* São Paulo: Pearson Education do Brasil, 2001.

RODRIGUEZ, Américo Plá. *Princípios de Direito do Trabalho.* Tradução portuguesa por Wagner D. Giglio. 3. ed. atual., São Paulo: LTr, 2000.

RUAS, Roberto. *Efeitos da modernização sobre o processo de trabalho: condições objetivas de controle na indústria de calçados.* Fundação de Economia e Estatística (RS). Porto Alegre: Fundação de Economia e Estatística, 1985.

RUPRECHT, Alfredo. *Relações coletivas de trabalho.* São Paulo: LTr, 1995.

RUSSOMANO, Mozart Victor. *Direito Sindical, Princípios Gerais.* Rio de Janeiro: José Konfino Editor, 1975.

SILVA, Antônio Álvares da. *Flexibilização das Relações de Trabalho.* São Paulo: LTr, 2002.

SILVA, Luiz de Pinho Pedreira da. *Principiologia do Direito do Trabalho.* 2. ed. São Paulo: LTr, 1999.

SILVA, Otávio Pinto e. *A contratação coletiva como fonte do Direito do trabalho.* São Paulo: LTr, 1998.

SÜSSEKIND, Arnaldo; MARANHÃO, Délio; VIANNA, Segadas e TEIXEIRA FILHO, João de Lima. *Instituições de Direito do trabalho.* 16. ed. São Paulo: LTr, 1997.

URIARTE, Oscar Ermida. *Apud* SILVA, Otávio e Pinto. *A contratação coletiva como fonte do Direito do trabalho*. São Paulo: LTr, 1998.

VIANA, Márcio Túlio. *A Reforma Sindical, entre o consenso e o dissenso.* Disponível em: http://calvados.c3sl.ufpr.br/ojs2/index.php/direito/article/viewFile/1734/1434. Acesso em 1º mai. 2006.

VIANA, Márcio Túlio. "A Proteção Social do Trabalhador no Mundo Globalizado". *In:* PIMENTA, José Roberto Freire *et al.* (Coords.). *Direito do Trabalho: Evolução, Crise, Perspectivas*. São Paulo: LTr, 2004.